全国技工院校汽车维修专业（中级技能层级）

汽车维护实训（第二版）工作页

张志海◎主编

中国劳动社会保障出版社

简介

本书为全国技工院校汽车维修专业模块化教材（中级技能层级）《汽车维护实训（第二版）》的配套用书，供学生课堂学习使用。本书按照教材的任务顺序编写，每个任务都包含“任务目标”“任务准备”“任务实施”“任务评价”等环节。本书关注学生的学习过程，强调知识、技能的同步提升，适合技工院校汽车维修专业教学使用。

本书由张志海主编，羌春晓、周威、芮海峰参与编写，许云珍审稿。

图书在版编目（CIP）数据

汽车维护实训（第二版）工作页 / 张志海主编 . 北京：中国劳动社会保障出版社，2024. --（全国技工院校汽车维修专业）. -- ISBN 978-7-5167-6643-9

Ⅰ. U472

中国国家版本馆 CIP 数据核字第 2024D08D49 号

中国劳动社会保障出版社出版发行

（北京市惠新东街 1 号　邮政编码：100029）

*

北京鑫海金澳胶印有限公司印刷装订　　新华书店经销

787 毫米 ×1092 毫米　16 开本　5.75 印张　112 千字

2024 年 9 月第 1 版　　2024 年 9 月第 1 次印刷

定价：12.00 元

营销中心电话：400-606-6496

出版社网址：http://www.class.com.cn

http://jg.class.com.cn

目 录

模块一　汽车维护基础

任务1　汽车维护制度

一、任务目标

1. 掌握汽车维护的定义。
2. 了解我国现行汽车维护制度。
3. 熟悉汽车维护的分级。
4. 掌握各级维护的作业项目和技术要求。

二、任务准备

清点以下辅助材料是否齐全。

序号	辅助材料名称	检查结果
1	《汽车维护、检测、诊断技术规范》（GB/T 18344—2016）	
2	维修手册	
3	用户手册	

三、任务实施

汽车维护制度认知

班级：　　　　　　　　姓名：　　　　　　　　工位：

序号	主要内容	情况记录
1	汽车维护的定义	1. 汽车维护一般也称汽车保养，主要内容包括清洁、________、补给、________、________、调整等 2. 汽车维护的意义在于________________，通过合理维护，可使汽车技术状况或工作能力得以维持，使用寿命得以充分延长，同时实现以下功能：

续表

<table>
<tr><th>序号</th><th>主要内容</th><th>情况记录</th></tr>
<tr><td>1</td><td>汽车维护的定义</td><td>（1）____
（2）____
（3）____
（4）____
（5）____</td></tr>
<tr><td>2</td><td>汽车维护的分级</td><td>1．我国汽车维护制度遵从____
2．我国现行汽车维护分为日常维护、一级维护和二级维护
（1）日常维护：____
（2）一级维护：____
（3）二级维护：____</td></tr>
<tr><td>3</td><td>汽车维护的周期</td><td>1．日常维护周期____
2．一级维护、二级维护的推荐周期：
<table>
<tr><th colspan="2" rowspan="2">适用车型</th><th colspan="2">维护周期</th></tr>
<tr><th>一级维护行驶里程间隔或时间间隔上限值</th><th>二级维护行驶里程间隔或时间间隔上限值</th></tr>
<tr><td rowspan="2">客车</td><td>小型客车（含乘用车）（车长≤ 6 m）</td><td></td><td></td></tr>
<tr><td>中型及以上客车（车长＞ 6 m）</td><td></td><td></td></tr>
<tr><td rowspan="2">货车</td><td>轻型货车（最大设计总质量≤ 3 500 kg）</td><td></td><td></td></tr>
<tr><td>轻型以上货车（最大设计总质量＞ 3 500 kg）</td><td></td><td></td></tr>
<tr><td colspan="2">挂车</td><td></td><td></td></tr>
</table></td></tr>
</table>

续表

<table>
<tr><th>序号</th><th>主要内容</th><th>情况记录</th></tr>
<tr><td>4</td><td>日常维护作业项目</td><td>日常维护是汽车各级维护的基础，其作业项目包括：
<table>
<tr><th>出车前</th><th>行车中</th><th>收车后</th></tr>
<tr><td>1.
2.
3.
4.
5.</td><td>1.
2.
3.</td><td>1.
2.
3.</td></tr>
</table></td></tr>
<tr><td>5</td><td>一级维护作业项目</td><td>除日常维护作业项目外，一级维护还包含以下作业项目：
<table>
<tr><th>序号</th><th colspan="2">作业项目</th></tr>
<tr><td>1</td><td rowspan="2">发动机</td><td></td></tr>
<tr><td>2</td><td></td></tr>
<tr><td>3</td><td rowspan="2">转向系</td><td></td></tr>
<tr><td>4</td><td></td></tr>
<tr><td>5</td><td rowspan="4">制动系</td><td></td></tr>
<tr><td>6</td><td></td></tr>
<tr><td>7</td><td></td></tr>
<tr><td>8</td><td></td></tr>
<tr><td>9</td><td rowspan="2">传动系</td><td></td></tr>
<tr><td>10</td><td></td></tr>
<tr><td>11</td><td rowspan="2">车轮</td><td></td></tr>
<tr><td>12</td><td></td></tr>
<tr><td>13</td><td rowspan="4">其他</td><td></td></tr>
<tr><td>14</td><td></td></tr>
<tr><td>15</td><td></td></tr>
<tr><td>16</td><td></td></tr>
</table></td></tr>
</table>

续表

<table>
<tr><th>序号</th><th>主要内容</th><th>情况记录</th></tr>
<tr><td>6</td><td>二级维护
作业项目</td><td>
除执行一级维护作业外，二级维护还包含以下作业项目。
1．二级维护进厂检测
进厂检测包括__________的项目以及__________________的车辆技术状况确定的检测项目。其主要检测项目和内容包括：
<table>
<tr><th>序号</th><th>检测项目</th><th>检测内容</th></tr>
<tr><td>1</td><td></td><td></td></tr>
<tr><td>2</td><td></td><td></td></tr>
<tr><td>3</td><td></td><td></td></tr>
</table>
2．车辆维修资料中与二级维护标准规定的基本作业项目相同的部分，依据__________________________执行；不同的部分，依据____________________________执行。车辆维修资料中有特殊维护要求的系统、总成和装置（如免维护蓄电池、免维护轮毂等），其维护作业项目按____________________________执行
3．二级维护附加作业项目的确定途径
（1）____
____
（2）____
____
4．二级维护过程中应始终贯穿___________，并记录二级维护的_______或____________，维护项目的技术要求应符合技术标准和车辆维修资料等相关技术文件规定
5．二级维护竣工检验应填写________________________，汽车维护企业对竣工检验合格的汽车签发____________________
</td></tr>
<tr><td colspan="3">任务总结</td></tr>
<tr><td colspan="3">（对任务完成情况、存在问题等进行总结）</td></tr>
</table>

四、任务评价

汽车维护制度认知

班级：　　　　　　　　　　姓名：　　　　　　　　　　工位：

项目	评价内容	评价要点	配分	评价
任务准备	辅助材料	《汽车维护、检测、诊断技术规范》等辅助材料齐备，并置于合适位置	5	
任务实施	汽车维护制度认知	能掌握汽车维护的定义，讲述其指导思想以及产生的作用	10	
		能讲述汽车维护的分级，掌握不同等级维护作业的范围	15	
		熟悉汽车维护的周期安排	15	
		能分析日常维护作业项目，了解其技术规范	15	
		能分析一级维护作业项目，了解其技术规范	15	
		能分析二级维护作业项目，了解其技术规范	15	
职业素养	资料查询和报告撰写	能查阅相关资料，完成学习任务，知识掌握良好	5	
		能根据任务要求，积极参与课堂汇报，并撰写总结报告	5	
总评分				

教师签字：　　　　　　　　　　考核日期：

任务2　常用工量具和设备的使用

一、任务目标

1．了解汽车维护常用工量具及设备的种类、作用，掌握正确的使用方法。

2．能独立选配和使用汽车维护常用工量具及设备，并正确读取数据和安全规范操作。

二、任务准备

1．器材准备

清点以下仪器、设备、工量具、辅助材料是否齐全。

（1）仪器、设备和工量具。

序号	仪器、设备和工量具名称	检查结果
1	轮胎拆装机	
2	轮胎气压表	
3	工具车（含常用工具1套）	
4	预置式扭力扳手	
5	游标卡尺	
6	外径千分尺	
7	气门芯扳手	
8	撬棍	
9	工作台	
10	发动机拆装台架	

（2）辅助材料。

序号	辅助材料名称	检查结果
1	被测零件	
2	轮胎	
3	润滑脂	
4	粉笔	
5	肥皂水、毛刷	
6	清洁用抹布	
7	维修手册	

2. 防护措施

（1）作业人员应穿戴个人防护用品，包括手套、工作服、工作帽、护目镜等，操作时不可佩戴手表等金属饰品，留长发者应将长发束在工作帽中。

（2）确保正确使用设备和工量具进行维护作业，操作过程中应严格遵守操作规程和相关安全标准。

（3）更换轮胎时应严格按照轮胎拆装机使用方法进行操作，并通知其他人员远离设备和注意轮胎充气发出的巨大响声。

（4）遵循“8S”（整理、整顿、清扫、清洁、素养、安全、节约、学习）管理规定。

三、任务实施

1. 常用工具的使用——拆装发动机飞轮

班级： 姓名： 工位：

序号	操作步骤	操作内容	情况记录
1	观察与准备	1. 确定套筒规格 2. 确定螺栓数量 3. 确定螺栓拆装顺序 4. 确定套筒组合方式 5. 取出工具	1. 套筒规格：______ 2. 螺栓数量：______ 3. 螺栓拆装顺序：______ ______ 4. 套筒组合方式：______ 5. 取出工具： （1）______ （2）______ （3）______ （4）______
2	拆卸	1. 拆卸螺栓 2. 取下飞轮 3. 检查 4. 清洁	1. 使用______进行螺栓对角预松开 2. 使用______拆卸螺栓 3. 检查结果：______ ______ 4. 清洁方法：______ ______
3	安装	1. 飞轮复位 2. 安装螺栓 3. 紧固螺栓	1. 按照______安装飞轮 2. 手动旋入螺栓 3. 使用______对角预旋紧螺栓；使用______紧固螺栓，紧固力矩：______N · m

续表

任务总结
（对任务完成情况、技术要点、操作注意事项、存在问题等进行总结）

2. 常用量具的使用——游标卡尺、外径千分尺

测量任务 1：使用游标卡尺测量__________

班级：　　　　　　　　　姓名：　　　　　　　　　工位：

序号	操作步骤	操作内容	情况记录
1	游标卡尺和被测零件的检查与清洁	1．检查__________ 2．检查__________ 3．清洁__________	游标卡尺量程：__________ 游标卡尺分度值：__________
2	游标卡尺的校准	1．__________ 2．查看游标和尺身的零刻度线是否对齐 3．如果对齐，即可进行测量；如果没有对齐，则要记录误差值	该游标卡尺的误差为：______ ◆ 思考 为何必须进行游标卡尺的校准？
3	零件测量	1．左手持被测零件 2．右手握住尺身，大拇指移动游标，先将两个量爪张开到__________ __________ 3．将固定量爪的测量面__________被测零件 4．轻轻移动活动量爪，直至量爪接触被测零件表面为止 5．旋紧制动螺钉__________ __________	测量时，游标卡尺的测量面连线要__________被测零件表面，不可__________，否则测量结果不准确

续表

序号	操作步骤	操作内容	情况记录
4	读数	1. 将游标卡尺置于水平位置 2. 视线应________标尺标记表面 3. 正确读数	主尺读数:________ 游标读数:________ 实测值:________

任务总结

（请对本任务完成情况、操作注意事项等进行总结）

测量任务 2：使用外径千分尺测量________

班级:　　　　姓名:　　　　工位:

序号	操作步骤	操作内容	情况记录
1	外径千分尺和被测零件的检查与清洁	1. 检查外径千分尺测砧______ ________________ 2. 检查锁紧装置是否完好 3. 检查微分筒________ ________________ 4. 检查测力装置是否正常 5. 清洁____________ ________________	外径千分尺量程:________
2	外径千分尺的校准	1. 轻轻旋转微分筒，使测微螺杆与测砧接触 2. 观察千分尺读数，应显示为零，如果不是，则________ ______	
3	零件测量	1. 将被测零件调整到________ ____，放于测砧和测微螺杆之间	

续表

序号	操作步骤	操作内容	情况记录
3	零件测量	2. 转动微分筒，当测微螺杆的测量表面接近被测零件时，改用__________，直到__________时停止 3. __________	
4	读数	1. 在固定套筒上读出与微分筒__________的标记数值 2. 在微分筒上与固定套筒的基准线对其的标记格式，乘以外径千分尺的__________，读出不足__________的数值 3. 估算值	固定套筒读数:__________ 微分筒读数:__________ 估算值:__________ 实测值:__________
任务总结			
（请对本任务完成情况、操作注意事项等进行总结）			

3. 常用设备的使用——用轮胎拆装机拆换轮胎

班级:　　　　　　　　　姓名:　　　　　　　　　工位:

序号	操作步骤	操作内容	情况记录
1	检查、清洁轮胎拆装机	1. 清洁设备、工具 2. 打开设备电源 3. 检查轮胎拆装机状态，摆臂复位	
2	拆换前处理	1. 确认轮胎温度保持大于____℃ 2. 给轮胎放气	◆ 给轮胎放气时应注意: __________ __________

续表

序号	操作步骤	操作内容	情况记录
2	拆换前处理	3．清洁轮辋 4．使用__________________，沿轮胎边缘，用压板将轮胎剥离轮辋压圈	◆ 剥离轮胎时应注意：______________________________
3	将轮胎安装至轮胎拆装机	1．将车轮外侧朝上放到轮胎拆装机上 2．______________ 3．______________	◆ 固定轮胎时应注意：______________________________
4	将轮胎上部剥离轮辋	1．操作气动滚动轮，将轮胎上部边缘外侧压离轮辋 2．在轮胎和轮辋压圈间涂抹______________ 3．安装轮辋保护套 4．调整并固定拆装柱，使拆装头完全压在轮辋边缘上 5．用________撬起轮胎边缘 6．沿________方向旋转一段距离，使轮胎上边缘滑入拆装头 7．操作设备沿顺时针方向运行，将轮胎上边缘剥离轮辋	
5	将轮胎下部剥离轮辋	1．将轮胎下部边缘搭在拆装头上 2．使用撬棍将轮胎下部边缘抬起，并高于轮辋压圈 3．操作设备沿________方向旋转一段距离，使轮胎下部边缘滑入拆装头 4．操作设备沿顺时针方向运行，将轮胎下部边缘剥离轮辋	

续表

序号	操作步骤	操作内容	情况记录
6	轮辋处理	1．清洁轮辋 2．检查气门嘴 3．给轮辋压圈涂上润滑脂	
7	新轮胎的检查与准备	1．________ 2．________ 3．在轮胎上下边缘涂抹润滑脂	轮胎规格：______ 外侧标记：______
8	安装轮胎下边缘	1．把新轮胎放置到轮辋上 2．安装轮辋保护套 3．调整拆装头，使其靠近轮辋上部边缘 4．操作设备顺时针旋转一段距离，使轮胎下部边缘进入轮辋凹槽	
9	安装轮胎上边缘	1．旋转轮辋，使气门嘴位于拆装头正对面 2．将轮胎上边缘搭在拆装头外侧 3．操作气动压轮，将轮胎上边缘适当压入轮辋凹槽 4．在与拆装头成90°角位置固定夹具臂 5．操作设备顺时针缓慢运行，使轮胎上部边缘完全压入轮辋凹槽	
10	取下轮胎	1．松开轮辋夹爪 2．取下车轮	
11	给轮胎充气	1．给轮胎充气：________ ________ 2．用气门芯扳手快速旋入阀芯 3．________	轮胎与轮辋的结合压力为：______ 汽车轮胎的标准胎压为：____kPa
12	检查漏气	用肥皂水检查轮胎是否漏气	

续表

任务总结
（请对本任务完成情况、操作注意事项等进行总结）

四、任务评价

1. 常用工具的使用——拆装发动机飞轮

班级： 姓名： 工位：

项目	评价内容	评价要点	配分	评价
任务准备	场地准备	工位干净、整洁，地面无油污	2	
		工作台、工具车等放置于合适位置	2	
	器材准备	工量具等配备齐全、无损坏	2	
		专用设备、仪器等选择正确，操作规范	2	
		辅助材料等配备齐全	2	
	安全防护	工作服等安全防护用品穿戴整齐	2	
		其他各项安全防护措施到位	2	
任务实施	操作要点和技术规范	能仔细观察部件，正确选取套筒，确认拆卸顺序	15	
		能合理组合工具	10	
		能正确拆卸飞轮	15	
		能正确检查、清洁飞轮及螺栓	15	
		能正确安装飞轮	15	
职业素养	资料查询和报告撰写	能查阅维修手册并严格执行技术规范，有良好的责任心和职业道德	4	
		能根据任务要求，积极参与课堂汇报，并撰写总结报告	4	
	“8S”管理	能遵循“8S”管理规定	8	
总评分				

教师签字： 考核日期：

2. 常用量具的使用——游标卡尺、外径千分尺

班级：　　　　　　　　　　姓名：　　　　　　　　工位：

项目	评价内容	评价要点	配分	评价
任务准备	场地准备	工位干净、整洁，地面无油污	2	
		工作台、工具车等放置于合适位置	2	
	器材准备	量具配备齐全、无损坏	2	
		量具选择正确，操作规范	2	
		辅助材料等配备齐全	2	
	安全防护	工作服等安全防护用品穿戴整齐	2	
		其他各项安全防护措施到位	2	
任务实施	操作要点和技术规范	能正确选择游标卡尺规格、精度，并进行检查与清洁	5	
		能正确进行游标卡尺校准	5	
		能正确使用游标卡尺测量零件	15	
		能正确读取游标卡尺读数	10	
		能正确选择外径千分尺规格、精度，并进行检查与清洁	5	
		能正确进行外径千分尺校准	5	
		能正确使用外径千分尺测量零件	15	
		能正确读取外径千分尺读数	10	
职业素养	资料查询和报告撰写	能查阅维修手册并严格执行技术规范，有良好的责任心和职业道德	4	
		能根据任务要求，积极参与课堂汇报，并撰写总结报告	4	
	“8S”管理	能遵循“8S”管理规定	8	
总评分				

教师签字：　　　　　　　　　　考核日期：

3. 常用设备的使用——用轮胎拆装机拆换轮胎

班级：　　　　　　　　　　姓名：　　　　　　　　工位：

项目	评价内容	评价要点	配分	评价
任务准备	场地准备	工位干净、整洁，地面无油污	2	
		工作台、工具车等放置于合适位置	2	

续表

项目	评价内容	评价要点	配分	评价
任务准备	器材准备	工量具等配备齐全、无损坏	2	
		专用设备、仪器等选择正确，操作规范	2	
		辅助材料等配备齐全	2	
	安全防护	工作服等安全防护用品穿戴整齐	2	
		其他各项安全防护措施到位	2	
任务实施	操作要点和技术规范	操作前能对轮胎拆装机进行检查和清洁	5	
		能熟练规范对轮胎进行更换前处理	10	
		能熟练规范将轮胎安装至轮胎拆装机转盘上	5	
		能熟练规范使用轮胎拆装机及辅助工具，剥离轮胎	15	
		能熟练规范进行轮辋处理	5	
		能熟练规范进行新轮胎的检查与准备	5	
		能熟练规范使用轮胎拆装机安装轮胎	15	
		能熟练规范对轮胎进行充气及检查	10	
职业素养	资料查询和报告撰写	能查阅维修手册并严格执行技术规范，有良好的责任心和职业道德	4	
		能根据任务要求，积极参与课堂汇报，并撰写总结报告	4	
	“8S”管理	能遵循“8S”管理规定	8	
总评分				

教师签字：　　　　　　　　　　　　考核日期：

任务3 日常维护训练

一、任务目标

1. 了解汽车日常维护的作业内容与技术要求。

2. 能独立、规范进行汽车日常维护作业。

二、任务准备

1. 车辆登记与检查

根据任务要求，将实训车辆停放在规定位置，安全停稳后检查车辆状况并将检查结果记录在下表中。

车型		VIN 码	
行驶里程		发动机型号	
外观检查			
内部检查			

2. 器材准备

清点以下仪器、设备、工量具、辅助材料是否齐全。

（1）仪器、设备和工量具。

序号	仪器、设备和工量具名称	检查结果
1	轮胎气压表	
2	工具车（含常用工具 1 套）	
3	预置式扭力扳手	
4	工作台	
5	工作灯	

（2）辅助材料。

序号	辅助材料名称	检查结果
1	清洁用抹布	
2	维修手册	

3．防护措施

（1）作业人员应穿戴个人防护用品，包括手套、工作服、工作帽、护目镜等，操作时不可佩戴手表等金属饰品，留长发者应将长发束在工作帽中。

（2）确保正确使用设备和工量具进行维护作业，操作过程中应严格遵守操作规程和相关安全标准。

（3）实训车辆应做好防护，进入车内必须铺设转向盘套、座椅套、脚垫；发动机舱作业必须铺设翼子板布、前格栅布。

（4）举升车辆时，应严格按照举升机使用方法进行操作，并通知其他人员远离举升设备。

（5）遵循“8S”管理规定。

三、任务实施

出车前的日常维护

班级：　　　　　　　　姓名：　　　　　　　　工位：

序号	操作步骤	移动方位	情况记录
1	检查、清洁车身	车外 ↓ 车内	1．车身检查：________________ ________________ 车身清洁：________________ 2．车内检查：________________ ________________ 车内清洁：________________ ◆ 思考 汽车牌照脏污，会导致：________________ ________________
2	检查后视镜、调整后视镜角度	车外 ↓ 驾驶员座椅	1．检查结果：________________ 2．后视镜调整 （1）后视镜视野与________________有关 （2）视野良好的后视镜位置要求：________________ ________________ ________________ （3）左右后视镜调整通过________________切换
3	检查安全应急装备	行李舱	1．灭火器放置于________________ 客车安全锤放置于________________ 2．灭火器类型：________________ 有效期：________________

续表

<table>
<tr><th>序号</th><th>操作步骤</th><th>移动方位</th><th>情况记录</th></tr>
<tr><td>4</td><td>检查
安全带</td><td>前排座椅
↓
后排座椅</td><td>1. 通过________，确认安全带状态良好
2. 通过________，确认安全带固定可靠
3. 通过________，确认安全带功能有效
<table><tr><th></th><th>左前</th><th>右前</th><th>左后</th><th>中后</th><th>右后</th></tr><tr><td>状态</td><td></td><td></td><td></td><td></td><td></td></tr><tr><td>固定</td><td></td><td></td><td></td><td></td><td></td></tr><tr><td>功能</td><td></td><td></td><td></td><td></td><td></td></tr></table></td></tr>
<tr><td>5</td><td>检查风窗
玻璃
刮水器</td><td>驾驶员座椅</td><td>1. 喷水状态：________
2. 挡位：________
3. 刮拭效果：________
◆ 注意事项
操作前，应先确认________
________</td></tr>
<tr><td>6</td><td>检查
“三液”</td><td>发动机舱
（车前）</td><td>1. 发动机润滑油油面高度：________
2. 冷却液液面高度：________
3. 制动液液面高度：________</td></tr>
<tr><td>7</td><td>制动系统
自检</td><td>驾驶员座椅</td><td>1. ________
2. ________</td></tr>
<tr><td>8</td><td>检查行车
制动、
驻车制动</td><td>驾驶员座椅</td><td>1. ________，则行车制动功能正常
2. ________，则驻车制动功能正常</td></tr>
<tr><td>9</td><td>检查轮胎</td><td>左前轮
↓
右前轮
↓
左后轮
↓
右后轮</td><td>1. 轮胎表面应无________、________、________、________
2. 半载情况下，前轮标准气压为________kPa，后轮标准气压为________kPa
3. 车轮螺栓或螺母应________、________、________</td></tr>
</table>

续表

<table>
<tr><th>序号</th><th>操作步骤</th><th>移动方位</th><th>情况记录</th></tr>
<tr><td>9</td><td>检查轮胎</td><td>左前轮
↓
右前轮
↓
左后轮
↓
右后轮</td><td>4. 轮胎螺母或螺母的拧紧力矩为________N·m
5. 检查结果<table>
<tr><td>项目</td><td>左前</td><td>右前</td><td>左后</td><td>右后</td></tr>
<tr><td>轮胎</td><td>□破损
□偏磨
□泄漏</td><td>□破损
□偏磨
□泄漏</td><td>□破损
□偏磨
□泄漏</td><td>□破损
□偏磨
□泄漏</td></tr>
<tr><td>螺栓</td><td>□缺失
□状态
□松动</td><td>□缺失
□状态
□松动</td><td>□缺失
□状态
□松动</td><td>□缺失
□状态
□松动</td></tr>
</table></td></tr>
<tr><td>10</td><td>检查
前照灯</td><td>车外
↓
驾驶员座椅</td><td>1. 前照灯完好、有效
2. ________
3. ________</td></tr>
<tr><td>11</td><td>检查信号
指示装置</td><td>车外
前部
↓
后部</td><td>□左 □右 转向灯
□左 □右 制动灯
□左 □右 示廓灯
□左 □右 危险报警灯
□左 □右 雾灯
□左 □右 喇叭
□左 □右 反射器
□前 □后 标志灯</td></tr>
<tr><td>12</td><td>检查仪表</td><td>驾驶员座椅</td><td>1. 打开点火开关________
2. 仪表指示灯________
3. 仪表________</td></tr>
<tr><td colspan="4">任务总结</td></tr>
<tr><td colspan="4">（对任务完成情况、技术要点、操作注意事项、存在问题等进行总结，并结合检查结果给出车辆的进一步维护或修理方案）</td></tr>
</table>

四、任务评价

出车前的日常维护

班级：　　　　　　　　　　姓名：　　　　　　　　工位：

项目	评价内容	评价要点	配分	评价
任务准备	场地准备	工位干净、整洁，地面无油污	2	
		车辆在举升机上正确停放，工作台、工具车等放置于合适位置	2	
	器材准备	工量具等配备齐全、无损坏	2	
		举升机或其他专用设备、仪器等选择正确，操作规范	2	
		辅助材料等配备齐全	2	
	安全防护	工作服等安全防护用品穿戴整齐	2	
		实训车辆等安全防护措施到位	2	
任务实施	操作要点和技术规范	能快速高效检查、清洁车身	5	
		能根据自身情况，调整后视镜最佳位置	5	
		能正确识别灭火器类型以及有效期	5	
		能熟练规范进行前后排安全带的检查	5	
		能熟练规范进行风窗玻璃清洗器的检查	5	
		能熟练规范进行发动机润滑油、冷却液、制动液的检查	10	
		能熟练检查制动系统自检功能	5	
		能按照技术要求进行行车制动、驻车制动的检查	10	
		能熟练规范进行轮胎的检查，并根据标准调整轮胎气压和紧固螺栓	10	
		能熟练规范进行车灯、型号装置和仪表指示灯的检查	10	
职业素养	资料查询和报告撰写	能查阅维修手册并严格执行技术规范，有良好的责任心和职业道德	4	
		能根据任务要求，积极参与课堂汇报，并撰写总结报告	4	
	“8S”管理	能遵循“8S”管理规定	8	
总评分				

教师签字：　　　　　　　　　　　　考核日期：

任务4 一级维护训练

一、任务目标

1. 了解汽车一级维护的作业内容与技术要求。
2. 能独立、规范进行一级维护作业。

二、任务准备

1. 车辆登记与检查

根据任务要求，将实训车辆停放在规定位置，安全停稳后检查车辆状况并将检查结果记录在下表中。

车型		VIN 码	
行驶里程		发动机型号	
外观检查			
内部检查			

2. 器材准备

清点以下仪器、设备、工量具、辅助材料是否齐全。

（1）仪器、设备和工量具。

序号	仪器、设备和工量具名称	检查结果
1	工具车（含常用工具 1 套）	
2	预置式扭力扳手	
3	轮胎气压表	
4	工作台	
5	工作灯	

（2）辅助材料。

序号	辅助材料名称	检查结果
1	发动机润滑油	
2	润滑油检测试纸	
3	冷却液	
4	清洁用抹布	
5	维修手册	

3．防护措施

（1）作业人员应穿戴个人防护用品，包括手套、工作服、工作帽、护目镜等，操作时不可佩戴手表等金属饰品，留长发者应将长发束在工作帽中。

（2）确保使用正确的设备和工具进行维护作业，操作过程中应严格遵守操作规程和相关安全标准。

（3）实训车辆应做好防护，进入车内必须铺设转向盘套、座椅套、脚垫；发动机舱作业必须铺设翼子板布、前格栅布。

（4）举升车辆时应严格按照举升机使用方法进行操作，并通知其他人员远离举升设备。

（5）遵循“8S”管理规定。

三、任务实施

一级维护操作

班级：　　　　　　　　　　姓名：　　　　　　　　　工位：

<table>
<tr><th>序号</th><th>维护内容</th><th>移动方位</th><th>情况记录</th></tr>
<tr><td>1</td><td>发动机一级维护作业</td><td>发动机舱</td><td>1．检查空气滤清器滤芯
□ 清洁　□ 更换
2．检查润滑油油面高度
操作要领：
（1）＿＿＿＿＿＿，用抹布擦拭油尺上的润滑油
（2）＿＿＿＿＿＿，停留片刻
（3）＿＿＿＿＿＿，查看润滑油油位，正常情况下油位应处于＿＿＿＿＿＿＿＿＿＿
（4）插回油尺并可靠锁止
□ 在范围内　□ 不在范围内
3．检查润滑油品质
□ 不必更换　□ 即将更换　□ 必须更换
4．检查传动带
传动带外观：＿＿＿＿＿＿＿＿＿＿
传动带张紧度：＿＿＿＿＿＿＿＿＿
5．检查冷却装置
冷却液液位：□ 在范围内　□ 不在范围内
冷却液渗漏：□ 有　□ 无
6．检查密封情况
检查结果：＿＿＿＿＿＿＿＿＿＿＿＿</td></tr>
</table>

续表

<table>
<tr><th>序号</th><th>维护内容</th><th>移动方位</th><th>情况记录</th></tr>
<tr><td>2</td><td>转向系一级
维护作业</td><td>举升车辆
↓
车底前部</td><td>1. 检查转向横拉杆
杆件外表：______
转向节球头：______
2. 检查动力转向系统
液压接头连接：______
漏油情况：______</td></tr>
<tr><td>3</td><td>制动系一级
维护作业</td><td>车底前部
↓
降下车辆
↓
驾驶员
座椅</td><td>1. 检查制动主缸、制动助力装置、车轮制动器
部件连接：______
部件外形：______
漏油情况：______
2. 检查制动管路及接头
检查结果：______
______
3. 检查制动液
制动液液位：□ 在范围内　□ 不在范围内
制动液渗漏：□ 渗漏　□ 无渗漏
4. 检查制动踏板行程
自由行程：______
有效行程：______</td></tr>
<tr><td>4</td><td>传动系一级
维护作业</td><td>举升车辆
↓
车底</td><td>1. 检查变速器、主减速器
通气孔：□ 清洁　□ 通畅
部件连接：□ 紧固　□ 松旷
漏油情况：______
2. 检查传动轴、万向节、防尘罩
检查结果：______
______
3. 紧固传动系各部件连接螺栓</td></tr>
<tr><td>5</td><td>车轮一级
维护作业</td><td>左前轮
↓
左后轮
↓
右后轮
↓
右前轮</td><td>1. 检查轮毂轴承
<table><tr><th>项目</th><th>左前轮</th><th>左后轮</th><th>右后轮</th><th>右前轮</th></tr><tr><td>松紧度</td><td></td><td></td><td></td><td></td></tr><tr><td>转动</td><td></td><td></td><td></td><td></td></tr><tr><td>间隙</td><td></td><td></td><td></td><td></td></tr></table></td></tr>
</table>

续表

<table>
<tr><th>序号</th><th>维护内容</th><th>移动方位</th><th>情况记录</th></tr>
<tr><td>5</td><td>车轮一级
维护作业</td><td>左前轮
↓
左后轮
↓
右后轮
↓
右前轮</td><td>2．检查轮胎
<table>
<tr><th>项目</th><th>左前轮</th><th>左后轮</th><th>右后轮</th><th>右前轮</th></tr>
<tr><td>胎面
深度</td><td>mm</td><td>mm</td><td>mm</td><td>mm</td></tr>
<tr><td>胎压</td><td>kPa</td><td>kPa</td><td>kPa</td><td>kPa</td></tr>
</table>
</td></tr>
<tr><td>6</td><td>其他一级
维护作业</td><td>降下车辆
↓
车身
↓
发动机舱
↓
驾驶员
座椅</td><td>1．车身
（1）检查
<table>
<tr><th>项目</th><th>左前</th><th>右前</th><th>左后</th><th>右后</th></tr>
<tr><td>车门</td><td>□完好
□正常
□门锁</td><td>□完好
□正常
□门锁</td><td>□完好
□正常
□门锁</td><td>□完好
□正常
□门锁</td></tr>
<tr><td>玻璃</td><td>□完好
□升降</td><td>□完好
□升降</td><td>□完好
□升降</td><td>□完好
□升降</td></tr>
<tr><td>后视镜</td><td>□完好
□正常</td><td>□完好
□正常</td><td>—</td><td>—</td></tr>
</table>
发动机舱盖：__________
其他部件：__________
（2）维护措施
1）__________
2）__________
3）__________
2．电器设备
（1）检查
1）蓄电池
状态：__________
极桩连接：__________
2）照明设备：__________
3）仪表：__________
4）信号装置：__________
5）起动机：__________</td></tr>
</table>

续表

序号	维护内容	移动方位	情况记录
6	其他一级维护作业	降下车辆 ↓ 车身 ↓ 发动机舱 ↓ 驾驶员座椅	6）发电机：________ 7）刮水器：________ （2）维护措施 1）________ 2）________ 3）________ 3．空调装置检查与维护 （1）________ （2）________
任务总结			
（对任务完成情况、技术要点、操作注意事项、存在问题等进行总结，并根据检查结果给出车辆进一步维护建议）			

四、任务评价

一级维护操作

班级：　　　　　　　　　　姓名：　　　　　　　　工位：

项目	评价内容	评价要点	配分	评价
任务准备	场地准备	工位干净、整洁，地面无油污	2	
		车辆在举升机上正确停放，工作台、工具车等放置于合适位置	2	
	器材准备	工量具等配备齐全、无损坏	2	
		举升机或其他专用设备、仪器等选择正确，操作规范	2	
		辅助材料等配备齐全	2	

续表

项目	评价内容	评价要点	配分	评价
任务准备	安全防护	工作服等安全防护用品穿戴整齐	2	
		实训车辆等安全防护措施到位	2	
任务实施	操作要点和技术规范	能熟练规范进行空气滤清器的检查、清洁与更换	10	
		能熟练规范进行发动机润滑油的检查，且对润滑油品质的判断准确	10	
		能全面检查发动机密封情况	10	
		能熟练规范进行转向横拉杆、动力转向系统的检查	10	
		能熟练规范进行制动踏板行程的检查	10	
		能熟练规范进行轮毂轴承、轮胎的检查与维护	10	
		能熟练规范进行车身、电器设备、空调装置的检查与维护	10	
职业素养	资料查询和报告撰写	能查阅维修手册并严格执行技术规范，有良好的责任心和职业道德	4	
		能根据任务要求，积极参与课堂汇报，并撰写总结报告	4	
	“8S”管理	能遵循“8S”管理规定	8	
总评分				

教师签字：　　　　　　　　　　考核日期：

模块二　二级维护实例

任务1　车辆顶起位置 1 的维护

一、任务目标

1. 掌握车辆顶起位置 1 的维护作业内容。

2. 根据操作方位移动图，掌握每个点位的操作内容与技术规范。

3. 能独立规范进行车辆二级维护的预检工作。

4. 能独立规范进行各种灯光、风窗玻璃刮水器、驻车制动器和制动器、转向盘和喇叭、备用轮胎、车门和门控灯、前后悬架、座椅和安全带等部件的检查，并掌握检查流程和操作方法。

二、任务准备

1. 车辆登记与检查

根据任务要求，将实训车辆停放在规定位置，安全停稳后检查车辆状况并将检查结果记录在下表中。

<table>
<tr><td>车型</td><td></td><td>VIN 码</td><td></td></tr>
<tr><td>行驶里程</td><td></td><td>发动机型号</td><td></td></tr>
<tr><td>外观检查</td><td colspan="3"></td></tr>
<tr><td>内部检查</td><td colspan="3"></td></tr>
</table>

2. 器材准备

清点以下仪器、设备、工量具、辅助材料是否齐全。

（1）仪器、设备和工量具。

序号	仪器、设备和工量具名称	检查结果
1	轮胎气压表	
2	废气抽排装置	
3	工具车（含常用工具 1 套）	

续表

序号	仪器、设备和工量具名称	检查结果
4	车轮挡块	
5	轮胎花纹深度尺	
6	钢尺	
7	轮胎架	
8	工作台	

（2）辅助材料。

序号	辅助材料名称	检查结果
1	发动机润滑油	
2	润滑油检测试纸	
3	冷却液	
4	肥皂水、毛刷	
5	清洁用抹布	
6	维修手册	

3. 防护措施

（1）作业人员应穿戴个人防护用品，包括手套、工作服、工作帽、护目镜等，操作时不可佩戴手表等金属饰品，留长发者应将长发束在工作帽中。

（2）确保正确使用设备和工量具进行维护作业，操作过程中应严格遵守操作规程和相关安全标准。

（3）实训车辆应做好防护，进入车内必须铺设转向盘套、座椅套、脚垫；发动机舱作业必须铺设翼子板布、前格栅布。

（4）举升车辆时应严格按照举升机使用方法进行操作，并通知其他人员远离举升设备。

（5）遵循“8S”管理规定。

三、任务实施

车辆顶起位置 1 的维护

班级：　　　　　　　　　　姓名：　　　　　　　　　　工位：

序号	操作步骤	移动方位	情况记录
1	举升车辆	—	举升机未升起
2	预检（车辆防护）	车辆前部 ↓	□1. 放置车轮挡块

续表

序号	操作步骤	移动方位	情况记录
2	预检（车辆防护）	驾驶员座椅 ↓ 车辆前部	□ 2．安装车内防护三件套：座椅套、脚垫、转向盘套 □ 3．打开发动机舱盖 发动机舱盖释放拉手位于：__________ □ 4．安装车外防护三件套：左翼子板布、右翼子板布、前格栅布
3	发动机舱的检查（四液检查）	车辆前部	□ 1．检查冷却液 液位检查：□ 在范围内 □ 不在范围内 渗漏检查：□ 渗漏 □ 无渗漏 渗漏原因：__________ □ 2．检查发动机润滑油 油位检查：□ 在范围内 □ 不在范围内 品质检查：□ 更换 □ 不更换 渗漏检查：□ 渗漏 □ 无渗漏 渗漏原因：__________ □ 3．检查制动液 液位检查：□ 在范围内 □ 不在范围内 渗漏检查：□ 渗漏 □ 无渗漏 渗漏原因：__________ □ 4．检查玻璃清洗液 液位检查：□ 在范围内 □ 不在范围内
4	灯光的检查（车内、车外两人配合检查）	车内人员：驾驶员座椅 车外人员：车辆前部 ↓ 车辆尾部	□左 □右 仪表板照明灯 □左 □右 组合仪表警告灯（点亮和熄灭） □左 □右 示廓灯 □左 □右 牌照灯 □左 □右 尾灯 □左 □右 大灯（近光灯） □左 □右 大灯（远光灯）和指示灯 □左 □右 大灯闪光开关和指示灯 □左 □右 转向信号灯和指示灯 □左 □右 转向开关自动返回功能 □左 □右 危险警告灯和指示灯 □左 □右 制动灯（尾灯） □左 □右 倒车灯 □左 □右 顶灯

续表

<table>
<tr><th>序号</th><th>操作步骤</th><th>移动方位</th><th>情况记录</th></tr>
<tr><td>5</td><td>风窗玻璃喷洗器和刮水器的检查</td><td>驾驶员座椅</td><td>□ 1. 检查风窗玻璃喷洗器
<table>
<tr><th>项目</th><th>左</th><th>右</th></tr>
<tr><td>喷射力</td><td></td><td></td></tr>
<tr><td>喷射位置</td><td></td><td></td></tr>
<tr><td>联动情况</td><td></td><td></td></tr>
</table>
□ 2. 检查刮水器刮拭情况
<table>
<tr><th>项目</th><th>左</th><th>右</th></tr>
<tr><td>低速</td><td></td><td></td></tr>
<tr><td>高速</td><td></td><td></td></tr>
<tr><td>刮拭情况</td><td></td><td></td></tr>
<tr><td>自动回位</td><td></td><td></td></tr>
</table></td></tr>
<tr><td>6</td><td>转向盘和喇叭的检查</td><td>驾驶员座椅</td><td>□ 1. 检查转向盘
自由转动：□ 正常　□ 不正常
自由行程：________mm
松弛或摆动：□ 存在　□ 不存在
□ 2. 检查喇叭
□ 声响正常　□ 声响异常</td></tr>
<tr><td>7</td><td>驻车制动器、制动器检查和调整</td><td>驾驶员座椅</td><td>□ 1. 检查驻车制动器
（1）制动手柄行程：________格，维修手册标准：________格
（2）调整驻车制动手柄行程
□ 调整前已确保制动蹄片间隙调整好
1）________________________
____
2）________________________
____
3）________________________
________________________</td></tr>
</table>

续表

<table>
<tr><th>序号</th><th>操作步骤</th><th>移动方位</th><th>情况记录</th></tr>
<tr><td>7</td><td>驻车制动器、制动器检查和调整</td><td>驾驶员座椅</td><td>（3）驻车制动器指示灯
□ 点亮正常 □ 点亮异常
□ 2. 检查制动器
（1）制动踏板
□ 响应性 □ 完全踩下 □ 异常噪声 □ 过度松动
高度：____mm，维修手册标准：____mm
自由行程：____mm，维修手册标准：____mm
踏板高度－踏板自由行程＝________
（2）制动助力器
工作状况：□ 正常 □ 异常
异常描述：________
气密性：□ 正常 □ 异常
异常描述：________
真空压力：□ 正常 □ 异常
异常描述：________</td></tr>
<tr><td>8</td><td>举升车辆前的外部检查</td><td>驾驶员座椅
↓
左前车门
↓
左后车门
↓
车辆尾部
↓
右后车门
↓
右前车门
↓
车辆前部</td><td>□ 1. 外部检查准备
（1）________
（2）打开燃油箱盖
（3）将顶灯开关旋至“DOOR”
（4）________
（5）________
□ 2. 左前车门位置
<table><tr><th>项目</th><th>正常</th><th>异常</th></tr><tr><td>顶灯</td><td></td><td></td></tr><tr><td>车门指示器灯</td><td></td><td></td></tr><tr><td>安全带的螺栓和螺母</td><td></td><td></td></tr><tr><td>座椅的螺栓和螺母</td><td></td><td></td></tr><tr><td>车门的螺栓和螺母</td><td></td><td></td></tr></table></td></tr>
</table>

续表

<table>
<tr><th>序号</th><th>操作步骤</th><th>移动方位</th><th>情况记录</th></tr>
<tr><td>8</td><td>举升车辆前的外部检查</td><td>驾驶员座椅
↓
左前车门
↓
左后车门
↓
车辆尾部
↓
右后车门
↓
右前车门
↓
车辆前部</td><td>□ 3．左后车门位置
<table>
<tr><th>项目</th><th>正常</th><th>异常</th></tr>
<tr><td>顶灯</td><td></td><td></td></tr>
<tr><td>车门指示器灯</td><td></td><td></td></tr>
<tr><td>安全带的螺栓和螺母</td><td></td><td></td></tr>
<tr><td>座椅的螺栓和螺母</td><td></td><td></td></tr>
<tr><td>车门的螺栓和螺母</td><td></td><td></td></tr>
</table>
□ 4．检查燃油箱盖
外观情况：____________
连接状况：____________
□ 5．车辆尾部位置
（1）检查车灯
安装状况：□ 松动　□ 无松动
脏污或损坏情况：□ 有　□ 无
（2）检查备用轮胎
胎面情况：____________
胎侧情况：____________
测量花纹深度：第 1 次______mm；第 2 次______mm；第 3 次______mm
维修手册标准：______mm
异常磨损：□双肩　□中间　□薄边　□单肩　□根部
轮胎气压：______kpa，维修手册标准：______kpa
漏气情况：□ 有　□ 无
检查轮辋：□损坏　□腐蚀　□变形　□跳动
（3）检查螺栓和螺母
<table>
<tr><th>项目</th><th>正常</th><th>异常</th></tr>
<tr><td>行李舱盖的螺栓和螺母</td><td></td><td></td></tr>
</table>
</td></tr>
</table>

续表

<table>
<tr><th>序号</th><th>操作步骤</th><th>移动方位</th><th>情况记录</th></tr>
<tr>
<td>8</td>
<td>举升车辆前的外部检查</td>
<td>驾驶员座椅
↓
左前车门
↓
左后车门
↓
车辆尾部
↓
右后车门
↓
右前车门
↓
车辆前部</td>
<td>
（4）检查后悬架
<table>
<tr><td>位置</td><td>减振器阻尼</td><td>安装状况</td><td>车辆倾斜度</td></tr>
<tr><td>左后</td><td></td><td></td><td rowspan="2"></td></tr>
<tr><td>右后</td><td></td><td></td></tr>
</table>
□ 6. 右后车门位置
<table>
<tr><td>项目</td><td>正常</td><td>异常</td></tr>
<tr><td>顶灯</td><td></td><td></td></tr>
<tr><td>车门指示器灯</td><td></td><td></td></tr>
<tr><td>安全带的螺栓和螺母</td><td></td><td></td></tr>
<tr><td>座椅的螺栓和螺母</td><td></td><td></td></tr>
<tr><td>车门的螺栓和螺母</td><td></td><td></td></tr>
</table>
□ 7. 右前车门位置
<table>
<tr><td>项目</td><td>正常</td><td>异常</td></tr>
<tr><td>顶灯</td><td></td><td></td></tr>
<tr><td>车门指示器灯</td><td></td><td></td></tr>
<tr><td>安全带的螺栓和螺母</td><td></td><td></td></tr>
<tr><td>座椅的螺栓和螺母</td><td></td><td></td></tr>
<tr><td>车门的螺栓和螺母</td><td></td><td></td></tr>
</table>
□ 8. 车辆前部位置
（1）检查前悬架
<table>
<tr><td>位置</td><td>减振器阻尼</td><td>安装状况</td><td>车辆倾斜度</td></tr>
<tr><td>右前</td><td></td><td></td><td rowspan="2"></td></tr>
<tr><td>左前</td><td></td><td></td></tr>
</table>
（2）检查车灯
安装状况：□ 松动　□ 无松动
脏污或损坏情况：□ 有　□ 无
（3）检查螺栓和螺母
<table>
<tr><td>项目</td><td>正常</td><td>异常</td></tr>
<tr><td>发动机舱盖的螺栓和螺母</td><td></td><td></td></tr>
</table>
（4）拆卸润滑油加注口盖
沿________方向旋松润滑油加注口盖。
◆ 润滑油加注口盖旋松后要注意：________
</td>
</tr>
</table>

续表

任务总结
（对任务完成情况、技术要点、操作注意事项、存在问题等进行总结）

四、任务评价

车辆顶起位置 1 的维护

班级： 姓名： 工位：

项目	评价内容	评价要点	配分	评价
任务准备	场地准备	工位干净、整洁，地面无油污	2	
		车辆在举升机上正确停放，工作台、工具车等放置于合适位置	2	
	器材准备	工量具等配备齐全、无损坏	2	
		举升机或其他专用设备、仪器等选择正确，操作规范	2	
		辅助材料等配备齐全	2	
	安全防护	工作服等安全防护用品穿戴整齐	2	
		实训车辆等安全防护措施到位	2	
任务实施	操作要点和技术规范	能熟练规范进行车辆维护前的预检工作	4	
		能熟练规范进行发动机四液的检查	4	
		能熟练规范进行润滑油加注口盖的拆卸	2	
		能熟练规范进行车辆灯光的检查，两人配合良好	7	
		能熟练规范进行前风挡玻璃喷洗器的检查	4	
		能熟练规范进行转向盘的检查	3	

续表

项目	评价内容	评价要点	配分	评价
任务实施	操作要点和技术规范	能熟练规范进行喇叭的检查	2	
		能熟练规范进行驻车制动器的检查	2	
		能熟练规范进行行车制动器的检查	8	
		能熟练规范进行车辆外部检查准备	5	
		能熟练规范进行各车门门控灯开关的检查	4	
		能熟练规范进行车身部件连接螺栓和螺母的检查	4	
		能熟练规范进行燃油箱盖的检查	2	
		能熟练规范进行备用轮胎的检查	7	
		能熟练规范进行车辆悬架的检查	4	
		能按正确点位移动并进行相关操作	8	
职业素养	资料查询和报告撰写	能查阅维修手册并严格执行技术规范，有良好的责任心和职业道德	4	
		能根据任务要求，积极参与课堂汇报，并撰写总结报告	4	
	“8S”管理	能遵循“8S”管理规定	8	
总评分				

教师签字： 考核日期：

任务2 车辆顶起位置2的维护

一、任务目标

1. 了解球节上下滑动间隙和球节防尘罩的检查方法。
2. 能够独立规范进行球节上下滑动间隙检查，并熟练掌握检查方法。
3. 能够独立规范进行球节防尘罩检查，并熟练掌握检查方法。

二、任务准备

1. 车辆登记与检查

根据任务要求，将实训车辆停放在规定位置，安全固定后检查车辆状况并将检查结果记录在下表中。

车型		VIN 码	
行驶里程		发动机型号	
外观检查			
内部检查			

2. 器材准备

清点以下仪器、设备、工量具、辅助材料是否齐全。

（1）仪器、设备和工量具。

序号	仪器、设备和工量具名称	检查结果
1	剪式举升机	
2	制动踏板压力器	
3	常用工具和量具	
4	木块	
5	工作台	
6	工作灯	

（2）辅助材料。

序号	辅助材料名称	检查结果
1	清洁用抹布	
2	维修手册	

3．防护措施

（1）作业人员应穿戴个人防护用品，包括手套、工作服、工作帽、护目镜等，操作时不可佩戴手表等金属饰品，留长发者应将长发束在工作帽中。

（2）确保正确使用设备和工量具进行维护作业，操作过程中应严格遵守操作规程和相关安全标准。

（3）实训车辆应做好防护，进入车内必须铺设转向盘套、座椅套、脚垫；发动机舱作业必须铺设翼子板布、前格栅布。

（4）举升车辆时应严格按照举升机使用方法进行操作，并通知其他人员远离举升设备。

（5）遵循“8S”管理规定。

三、任务实施

车辆顶起位置 2 的维护

班级：　　　　　　　　　　姓名：　　　　　　　　　　工位：

序号	操作步骤	移动方位	情况记录
1	举升准备	驾驶员座椅	踩下制动踏板，使用________保持制动状态，并保持前轮朝向________ ◆ 思考 此操作的目的是：________
2	举升车辆	—	□ 1．举升机稍稍升起 □ 2．在一个前轮下放置高度为______mm 的木块 □ 3．放低举升机，使车辆前轮（放置木块）螺旋弹簧达到正常载荷的______ □ 4．再次确认__________ ◆ 思考 1．在车轮下放置木块的目的是：__________ __________ 2．为避免车辆降低过程中木块产生偏移，可采取的措施为：__________ __________ __________

续表

<table>
<tr><th>序号</th><th>操作步骤</th><th>移动方位</th><th>情况记录</th></tr>
<tr><td>3</td><td>检查球节的上下滑动间隙（车内、车外两人配合检查）</td><td>车底前部</td><td>1．检查方法：在下臂末端，使用______________
2．球节间隙量
（1）维修手册标准为：
（2）检查结果
<table><tr><th>项目</th><th>左侧</th><th>右侧</th></tr><tr><td>间隙量</td><td></td><td></td></tr></table>
◆ 思考
球节若存在间隙，应______________</td></tr>
<tr><td>4</td><td>检查球节防尘罩是否损坏</td><td>车底前部</td><td><table><tr><th>项目</th><th>左侧</th><th>右侧</th></tr><tr><td>裂纹</td><td>□有 □无</td><td>□有 □无</td></tr><tr><td>撕裂</td><td>□有 □无</td><td>□有 □无</td></tr><tr><td>其他损坏</td><td>□有 □无</td><td>□有 □无</td></tr></table>
◆ 思考
防尘罩若存在上述情况，应______________</td></tr>
<tr><td colspan="4">任务总结</td></tr>
<tr><td colspan="4">（对任务完成情况、技术要点、操作注意事项、存在问题等进行总结）</td></tr>
</table>

四、任务评价

车辆顶起位置 2 的维护

班级： 姓名： 工位：

项目	评价内容	评价要点	配分	评价
任务准备	场地准备	工位干净、整洁，地面无油污	2	
		车辆在举升机上正确停放，工作台、工具车等放置于合适位置	2	
	器材准备	工量具等配备齐全、无损坏	2	
		举升机或其他专用设备、仪器等选择正确，操作规范	2	
		辅助材料等配备齐全	2	
	安全防护	工作服等安全防护用品穿戴整齐	2	
		实训车辆等安全防护措施到位	2	
任务实施	操作要点和技术规范	能在车辆前轮下方正确放置木块	10	
		能熟练规范操作举升机，并将车辆举升至合适高度	20	
		能熟练规范进行球节间隙量的检查	20	
		能熟练规范进行球节防尘罩的检查	20	
职业素养	资料查询和报告撰写	能查阅维修手册并严格执行技术规范，有良好的责任心和职业道德	4	
		能根据任务要求，积极参与课堂汇报，并撰写总结报告	4	
	“8S”管理	能遵循“8S”管理规定	8	
总评分				

教师签字： 考核日期：

任务3 车辆顶起位置3的维护

一、任务目标

1. 熟悉车辆顶起位置3的检查、调整内容与步骤，掌握操作规范、标准及方法。

2. 能够独立规范进行发动机润滑油检查及更换、机油滤清器更换、自动变速器油（变速器油）检查与更换。

3. 能够独立规范进行转向器或动力转向液、转向连接机构、制动管路、燃油管路、悬架、排气管及其装置的检查。

4. 能够独立规范进行半轴护套检查，并了解有关注意事项。

5. 能够独立规范进行底盘螺栓松紧度和底盘部件密封状况检查，并熟练掌握检查内容、流程和方法。

二、任务准备

1. 车辆登记与检查

根据任务要求，将实训车辆停放在规定位置，安全停稳后检查车辆状况并将检查结果记录在下表中。

车型		VIN码	
行驶里程		发动机型号	
外观检查			
内部检查			

2. 器材准备

清点以下仪器、设备、工量具、辅助材料是否齐全。

（1）仪器、设备和工量具。

序号	仪器、设备和工量具名称	检查结果
1	剪式举升机	
2	润滑油收集装置	
3	废气抽排装置	
4	常用工具和量具	
5	预置式扭力扳手	

续表

序号	仪器、设备和工量具名称	检查结果
6	机油滤清器扳手	
7	S形挂钩	
8	工作台	
9	工作灯	

（2）辅助材料。

序号	辅助材料名称	检查结果
1	发动机润滑油	
2	机油滤清器	
3	排放塞密封垫片	
4	清洁用抹布	
5	维修手册	

3．防护措施

（1）作业人员应穿戴个人防护用品，包括手套、工作服、工作帽、护目镜等，操作时不可佩戴手表等金属饰品，留长发者应将长发束在工作帽中。

（2）确保正确使用设备和工量具进行维护作业，操作过程中应严格遵守操作规程和相关安全标准。

（3）实训车辆应做好防护，进入车内必须铺设转向盘套、座椅套、脚垫；发动机舱作业必须铺设翼子板布、前格栅布。

（4）举升车辆时应严格按照举升机使用方法进行操作，并通知其他人员远离举升设备。

（5）遵循“8S”管理规定。

三、任务实施

车辆顶起位置3的维护

班级：　　　　　　　　　　姓名：　　　　　　　　　　工位：

序号	操作步骤	移动方位	情况记录
1	举升车辆	—	举升机________
2	检查发动机是否漏油	车底前部	□1．检查________ □2．检查油封 □3．检查排放塞 ◆ 如渗漏应________

续表

<table>
<tr><th>序号</th><th>操作步骤</th><th>移动方位</th><th>情况记录</th></tr>
<tr><td>3</td><td>排放和收集润滑油</td><td>车底前部</td><td>□1. 提前将润滑油收集桶摆放到车辆底部
◆ 注意将收集桶调整到合适________和________
□2. 用______mm 梅花扳手旋松润滑油排放塞
◆ 旋松方向：____________
□3. 用手旋下排放塞，并连同垫片一同取下
◆ 排放塞和垫片取下后，应放置于____________
□4. 使用润滑油收集桶收集润滑油
◆ 思考
排放润滑油时，禁止佩戴棉纱手套的原因是：________________
◆ 排放润滑油的同时进行其他检查</td></tr>
<tr><td>4</td><td>自动变速器油的检查</td><td>车底前部</td><td>□1. 检查油液渗漏
□ 壳接触面 □ 轴和拉索伸出区域 □ ____________
□ ________和加注塞 □ 管道和____________
◆ 如果渗漏应__________________
□2. 检查油冷却软管
◆ 如果软管出现________________________则更换</td></tr>
<tr><td>5</td><td>半轴防尘罩的检查</td><td>车底前部</td><td>□1. 检查防尘罩损坏
（1）手动转动轮胎，使它们完全转向一侧。此操作的目的是：____________________
（2）检查左半轴防尘罩
<table><tr><th>项目</th><th>外侧</th><th>内侧</th></tr><tr><td>裂纹</td><td>□有 □无</td><td>□有 □无</td></tr><tr><td>其他损坏</td><td>□有 □无</td><td>□有 □无</td></tr></table></td></tr>
</table>

续表

<table>
<tr><th>序号</th><th>操作步骤</th><th>移动方位</th><th>情况记录</th></tr>
<tr><td>5</td><td>半轴防尘罩的检查</td><td>车底前部</td><td>
（3）检查右半轴防尘罩
<table>
<tr><td>项目</td><td>外侧</td><td>内侧</td></tr>
<tr><td>裂纹</td><td>□有　□无</td><td>□有　□无</td></tr>
<tr><td>其他损坏</td><td>□有　□无</td><td>□有　□无</td></tr>
</table>
（4）检查防尘罩卡箍
<table>
<tr><td>项目</td><td>左侧</td><td>右侧</td></tr>
<tr><td>安装</td><td>□正确　□错误</td><td>□正确　□错误</td></tr>
<tr><td>损坏</td><td>□有　□无</td><td>□有　□无</td></tr>
</table>
◆ 如果损坏应＿＿＿＿＿＿＿＿
□ 2. 检查油脂渗漏
<table>
<tr><td>项目</td><td>外侧</td><td>内侧</td></tr>
<tr><td>渗漏情况</td><td>□有　□无</td><td>□有　□无</td></tr>
</table>
◆ 如果渗漏应＿＿＿＿＿＿＿＿
</td></tr>
<tr><td>6</td><td>转向连接机构的检查</td><td>车底前部</td><td>
□ 1. 检查松动和摇摆
方法：用手摇晃＿＿＿＿＿＿＿＿
□ 松动　□ 摆动
◆ 如果有松动或摆动应＿＿＿＿＿＿＿＿
□ 2. 检查弯曲和损坏
□ 弯曲　□ 损坏
◆ 如果发现问题应＿＿＿＿＿＿＿＿
□ 3. 检查防尘罩
□ 裂纹　□ 破损
◆ 如果发现问题应＿＿＿＿＿＿＿＿
</td></tr>
<tr><td>7</td><td>转向器的检查</td><td>车底前部</td><td>
□ 1. 检查转向器总成
是否有润滑脂或者润滑油渗漏（浸润）：□ 有　□ 无
□ 2. 检查齿条防尘罩
□ 裂纹　□ 破损
◆ 如果发现问题应＿＿＿＿＿＿＿＿
</td></tr>
</table>

续表

序号	操作步骤	移动方位	情况记录
8	动力转向液的检查	车底前部	□ 1. 检查液体渗漏 □ 总成 □ 助力泵 □液体管路 □连接点 □ 2. 检查软管损坏 □ 裂纹 □ 其他损坏：________ ◆ 如果渗漏或损坏应________
9	制动管路的检查	车底前部 ↓ 车底后部	□ 1. 检查液体渗漏 制动管路连接部分：□ 渗漏 □ 无渗漏 □ 2. 检查损坏 （1）管路：□ 凹痕 □ 其他损坏：________ （2）软管：□ 扭曲 □ 磨损 □ 开裂 □ 隆起 □ 其他损坏：________ ◆ 如果渗漏或损坏应________ □ 3. 检查安装 手动转动轮胎直到________ ____，确保管路和软管不会因振动而与车轮或者车身接触 （1）管路：□ 安装良好 □ 需要调整 （2）软管：□ 安装良好 □ 需要调整
10	燃油管路的检查	车底前部 ↓ 车底中部	□ 1. 检查燃油渗漏 □ 渗漏 □ 无渗漏 □ 2. 检查损坏 □ 损坏 □ 完好 ◆ 如果渗漏或损坏应________
11	排气管道和安装件的检查	车底前部 ↓ 车底中部 ↓ 车底后部	□ 1. 检查损坏和安装 （1）排气管 □ 损坏 □ 完好 □ 安装良好 □ 需要调整 （2）消声器 □ 损坏 □ 完好 □ 安装良好 □ 需要调整 （3）排气管支架上的 O 形圈（吊挂） □ 损坏 □ 完好 □ 安装良好 □ 需要调整 （4）密封垫片 □ 损坏 □ 完好

续表

<table>
<tr><th>序号</th><th>操作步骤</th><th>移动方位</th><th>情况记录</th></tr>
<tr><td>11</td><td>排气管道和安装件的检查</td><td>车底前部
↓
车底中部
↓
车底后部</td><td>□ 2. 检查渗漏
（1）接头周围是否存在炭黑：□ 是 □ 否
（2）管连接部分是否存在废气泄漏：□ 是 □ 否
◆ 如果有异常应________________</td></tr>
<tr><td>12</td><td>悬架的检查</td><td>车底前部
↓
车底后部</td><td>□ 1. 检查转向节
□ 损坏 □ 完好
□ 2. 检查减振器
<table><tr><td>项目</td><td>前减振器</td><td>后减振器</td></tr><tr><td>损坏</td><td>□ 有 □ 无</td><td>□ 有 □ 无</td></tr><tr><td>渗漏</td><td>□ 有 □ 无</td><td>□ 有 □ 无</td></tr></table>□ 3. 检查减振器螺旋弹簧
<table><tr><td>项目</td><td>前减振器</td><td>后减振器</td></tr><tr><td>损坏</td><td>□ 有 □ 无</td><td>□ 有 □ 无</td></tr></table>□ 4. 检查稳定杆
□ 损坏 □ 完好
□ 5. 检查下臂
□ 损坏 □ 完好
□ 6. 检查拖臂和桥梁
□ 损坏 □ 完好
◆ 如果有异常应________________</td></tr>
<tr><td>13</td><td>安装发动机润滑油排放塞</td><td>车底前部</td><td>□ 1. 更换新的密封垫片
□ 2. 用手安装密封垫片和旋紧排放塞
□ 3. 使用__________紧固排放塞，紧固力矩______N · m
◆ 为避免排放塞漏油，可采取：
（1）________________
（2）________________
（3）________________</td></tr>
</table>

续表

序号	操作步骤	移动方位	情况记录
14	更换机油滤清器	车底前部	□1. 使用____________拆卸机油滤清器 □2. 检查和清洁机油滤清器的安装表面 □3. ____________________________ □4. 轻缓拧动机油滤清器使其就位后拧紧，直到密封圈____________ □5. 使用____________再次拧紧，力矩________N·m
15	车辆底部螺栓和螺母的检查	车底前部 ↓ 车底中部 ↓ 车底后部	□1. 检查前悬架 □左　□右　中间梁＋车身（______N·m） □左　□右　下悬架臂＋悬架横梁（______N·m） □左　□右　下球节＋下悬架臂（______N·m） □左　□右　悬架横梁＋车身（______N·m） □左　□右　下悬架臂＋悬架横梁（______N·m） □左　□右　中间梁＋悬架横梁（______N·m） □左　□右　盘式制动器扭矩板＋转向节（______N·m） □左　□右　下球节＋转向节（______N·m） □左　□右　减振器＋转向节（______N·m） □左　□右　稳定杆连接杆＋减振器（______N·m） □左　□右　稳定杆＋稳定杆连接杆（______N·m） □左　□右　转向器外壳＋悬架横梁（______N·m） □左　□右　稳定杆＋车身（______N·m） □左　□右　横拉杆球头锁止螺母（______N·m） □左　□右　横拉杆球头＋转向节（______N·m） □2. 检查后悬架 □左　□右　拖臂和桥梁＋车身（______N·m） □左　□右　拖臂和桥梁＋后轮毂（______N·m） □左　□右　制动分泵＋背板（______N·m） □左　□右　稳定杆＋拖臂和桥梁（______N·m） □左　□右　减振器＋拖臂和桥梁（______N·m） □左　□右　减振器＋车身（______N·m）

续表

序号	操作步骤	移动方位	情况记录
15	车辆底部螺栓和螺母的检查	车底前部 ↓ 车底中部 ↓ 车底后部	□3. 其他 □排气管（______N·m） □左 □右 燃油箱（______N·m）
任务总结			
（对任务完成情况、技术要点、操作注意事项、存在问题等进行总结）			

四、任务评价

车辆顶起位置3的维护

班级： 姓名： 工位：

项目	评价内容	评价要点	配分	评价
任务准备	场地准备	工位干净、整洁，地面无油污	2	
		车辆在举升机上正确停放，工作台、工具车等放置于合适位置	2	
	器材准备	工量具等配备齐全、无损坏	2	
		举升机或其他专用设备、仪器等选择正确，操作规范	2	
		辅助材料等配备齐全	2	
	安全防护	工作服等安全防护用品穿戴整齐	2	
		实训车辆等安全防护措施到位	2	

续表

项目	评价内容	评价要点	配分	评价
任务实施	操作要点和技术规范	能熟练规范进行发动机润滑油的更换	10	
		能熟练规范进行机油滤清器的更换	10	
		能熟练规范进行自动变速器油、半轴护套的检查	6	
		能熟练规范进行转向连接机构、转向器的检查	6	
		能熟练规范进行制动管路、燃油管路的检查	6	
		能熟练规范进行排气管道和安装件的检查	6	
		能熟练规范进行悬架的检查	6	
		能熟练规范进行车辆底部螺栓和螺母的检查	20	
职业素养	资料查询和报告撰写	能查阅维修手册并严格执行技术规范，有良好的责任心和职业道德	4	
		能根据任务要求，积极参与课堂汇报，并撰写总结报告	4	
	“8S”管理	能遵循“8S”管理规定	8	
总评分				

教师签字：　　　　　　　　　　　　考核日期：

任务4 车辆顶起位置4的维护

一、任务目标

1. 掌握轮胎的类型、结构以及标识含义。
2. 能够独立规范进行车轮轴承的检查，并熟练掌握检查方法。
3. 能够独立规范进行盘式制动器的检查与维护，并熟练掌握检查与维护方法。
4. 能够独立规范进行鼓式制动器的检查与维护，并熟练掌握检查与维护方法。

二、任务准备

1. 车辆登记与检查

根据任务要求，将实训车辆停放在规定位置，安全停稳后检查车辆状况并将检查结果记录在下表中。

车型		VIN 码	
行驶里程		发动机型号	
外观检查			
内部检查			

2. 器材准备

清点以下仪器、设备、工量具、辅助材料是否齐全。

（1）仪器、设备和工量具。

序号	仪器、设备和工量具名称	检查结果
1	剪式举升机	
2	工具车（含常用工具 1 套）	
3	预置式扭力扳手	
4	气动扳手	
5	轮胎安放架	
6	S 形挂钩	
7	轮胎花纹深度尺	

续表

序号	仪器、设备和工量具名称	检查结果
8	轮胎气压表	
9	外径千分尺	
10	游标卡尺	
11	钢尺	
12	工作台	
13	工作灯	

（2）辅助材料。

序号	辅助材料名称	检查结果
1	肥皂水、毛刷	
2	清洁用抹布	
3	维修手册	

3．防护措施

（1）作业人员应穿戴个人防护用品，包括手套、工作服、工作帽、护目镜等，操作时不可佩戴手表等金属饰品，留长发者应将长发束在工作帽中。

（2）确保正确使用设备和工量具进行维护作业，操作过程中应严格遵守操作规程和相关安全标准。

（3）实训车辆应做好防护，进入车内必须铺设转向盘套、座椅套、脚垫；发动机舱作业必须铺设翼子板布、前格栅布。

（4）举升车辆时应严格按照举升机使用方法进行操作，并通知其他人员远离举升设备。

（5）遵循“8S”管理规定。

三、任务实施

车辆顶起位置 4 的维护

班级：　　　　　　　　姓名：　　　　　　　　工位：

序号	操作步骤	移动方位	情况记录
1	举升车辆	—	举升机________________

续表

<table>
<tr><th>序号</th><th>操作步骤</th><th>移动方位</th><th>情况记录</th></tr>
<tr><td>2</td><td>车轮轴承的检查</td><td>左前轮
↓
左后轮
↓
右后轮
↓
右前轮</td><td>
<table>
<tr><th>项目</th><th>左前轮</th><th>左后轮</th><th>右后轮</th><th>右前轮</th></tr>
<tr><td>摆动情况</td><td></td><td></td><td></td><td></td></tr>
<tr><td>平稳情况</td><td></td><td></td><td></td><td></td></tr>
<tr><td>有无噪声</td><td></td><td></td><td></td><td></td></tr>
</table>
</td></tr>
<tr><td>3</td><td>车轮的拆卸</td><td>左前轮
↓
左后轮
↓
右后轮
↓
右前轮</td><td>□ 1. 检查气动扳手的管路和套筒的连接情况
□ 2. 检查旋向和力矩
□ 3. 按照________顺序拆卸车轮螺母
□ 4. 拆卸车轮
□ 5. 将车轮放置于________________</td></tr>
<tr><td>4</td><td>轮胎的检查与维护</td><td>—</td><td>□ 1. 检查胎面和胎侧
<table>
<tr><th>项目</th><th>左前轮</th><th>左后轮</th><th>右后轮</th><th>右前轮</th></tr>
<tr><td>胎面</td><td></td><td></td><td></td><td></td></tr>
<tr><td>胎侧</td><td></td><td></td><td></td><td></td></tr>
</table>
□ 2. 测量花纹深度
<table>
<tr><th>次数</th><th>左前轮</th><th>左后轮</th><th>右后轮</th><th>右前轮</th></tr>
<tr><td>第 1 次</td><td>mm</td><td>mm</td><td>mm</td><td>mm</td></tr>
<tr><td>第 2 次</td><td>mm</td><td>mm</td><td>mm</td><td>mm</td></tr>
<tr><td>第 3 次</td><td>mm</td><td>mm</td><td>mm</td><td>mm</td></tr>
</table>
□ 3. 测量胎压
<table>
<tr><th>左前轮</th><th>左后轮</th><th>右后轮</th><th>右前轮</th></tr>
<tr><td>kPa</td><td>kPa</td><td>kPa</td><td>kPa</td></tr>
</table>
</td></tr>
</table>

续表

<table>
<tr><th>序号</th><th>操作步骤</th><th>移动方位</th><th>情况记录</th></tr>
<tr><td>4</td><td>轮胎的检查与维护</td><td>—</td><td>
□4. 检查异常磨损
<table>
<tr><td>项目</td><td>左前轮</td><td>左后轮</td><td>右后轮</td><td>右前轮</td></tr>
<tr><td>双肩</td><td></td><td></td><td></td><td></td></tr>
<tr><td>中间</td><td></td><td></td><td></td><td></td></tr>
<tr><td>薄边</td><td></td><td></td><td></td><td></td></tr>
<tr><td>单肩</td><td></td><td></td><td></td><td></td></tr>
<tr><td>根部</td><td></td><td></td><td></td><td></td></tr>
</table>
□5. 检查漏气
<table>
<tr><td>左前轮</td><td>左后轮</td><td>右后轮</td><td>右前轮</td></tr>
<tr><td>□有 □无</td><td>□有 □无</td><td>□有 □无</td><td>□有 □无</td></tr>
</table>
□6. 检查轮辋
<table>
<tr><td>项目</td><td>左前轮</td><td>左后轮</td><td>右后轮</td><td>右前轮</td></tr>
<tr><td>损坏</td><td></td><td></td><td></td><td></td></tr>
<tr><td>腐蚀</td><td></td><td></td><td></td><td></td></tr>
<tr><td>变形</td><td></td><td></td><td></td><td></td></tr>
<tr><td>跳动</td><td></td><td></td><td></td><td></td></tr>
</table>
</td></tr>
<tr><td>5</td><td>盘式制动器的检查与维护</td><td>左前轮
↓
左后轮
↓
右后轮
↓
右前轮</td><td>
□1. 拆卸制动卡钳
使用________mm 开口扳手和________mm 梅花扳手，按照左手______、右手______的动作进行拆卸
□2. 拆卸两个带有______________的制动摩擦片
□3. 测量制动摩擦片厚度
（1）通过制动卡钳内的____________，目测检查内制动摩擦片的厚度，确保其与________________没有明显的偏差
（2）使用______________测量内外侧制动摩擦片厚度
</td></tr>
</table>

续表

<table>
<tr><th>序号</th><th>操作步骤</th><th>移动方位</th><th>情况记录</th></tr>
<tr>
<td>5</td>
<td>盘式制动器的检查与维护</td>
<td>左前轮
↓
左后轮
↓
右后轮
↓
右前轮</td>
<td>
<table>
<tr><th>车轮</th><th colspan="2">外侧摩擦片</th><th colspan="2">内侧摩擦片</th></tr>
<tr><td>左前轮</td><td>mm</td><td>mm</td><td>mm</td><td>mm</td></tr>
<tr><td>左后轮</td><td>mm</td><td>mm</td><td>mm</td><td>mm</td></tr>
<tr><td>右后轮</td><td>mm</td><td>mm</td><td>mm</td><td>mm</td></tr>
<tr><td>右前轮</td><td>mm</td><td>mm</td><td>mm</td><td>mm</td></tr>
</table>
◆ 是否需要更换摩擦片：________
□ 4. 检查制动盘
（1）检查外观
<table>
<tr><th>项目</th><th>左前轮</th><th>左后轮</th><th>右后轮</th><th>右前轮</th></tr>
<tr><td>刻痕</td><td></td><td></td><td></td><td></td></tr>
<tr><td>均匀</td><td></td><td></td><td></td><td></td></tr>
<tr><td>异常磨损</td><td></td><td></td><td></td><td></td></tr>
<tr><td>裂纹</td><td></td><td></td><td></td><td></td></tr>
<tr><td>其他损坏</td><td></td><td></td><td></td><td></td></tr>
</table>
（2）使用________清洁制动盘
（3）使用________测量制动盘厚度
<table>
<tr><th>车轮</th><th>顶部</th><th>中部</th><th>根部</th></tr>
<tr><td>左前轮</td><td>mm</td><td>mm</td><td>mm</td></tr>
<tr><td>左后轮</td><td>mm</td><td>mm</td><td>mm</td></tr>
<tr><td>右后轮</td><td>mm</td><td>mm</td><td>mm</td></tr>
<tr><td>右前轮</td><td>mm</td><td>mm</td><td>mm</td></tr>
</table>
◆ 是否需要更换制动盘：________
□ 5. 检查制动卡钳中是否有液体渗漏
<table>
<tr><th>项目</th><th>左前轮</th><th>左后轮</th><th>右后轮</th><th>右前轮</th></tr>
<tr><td>检查记录</td><td></td><td></td><td></td><td></td></tr>
</table>
</td>
</tr>
</table>

续表

<table>
<tr><th>序号</th><th>操作步骤</th><th>移动方位</th><th>情况记录</th></tr>
<tr><td>5</td><td>盘式制动器的检查与维护</td><td>左前轮
↓
左后轮
↓
右后轮
↓
右前轮</td><td>□6. 安装制动卡钳
用扭力扳手拧紧制动分泵，拧紧力矩______N · m
◆ 思考
制动卡钳处有制动液渗漏会造成________________
____
______________________________</td></tr>
<tr><td>6</td><td>鼓式制动器的检查与维护（选做）</td><td>左后轮
↓
右后轮</td><td>□1. 拆卸制动鼓
□2. 检查制动蹄片
<table>
<tr><th>项目</th><th>左后轮</th><th>右后轮</th></tr>
<tr><td>移动顺畅</td><td></td><td></td></tr>
<tr><td>磨损</td><td></td><td></td></tr>
<tr><td>生锈</td><td></td><td></td></tr>
</table>
□3. 清洁制动蹄片
（1）使用________清洁制动蹄片的________，并清除油污
（2）清洁制动鼓____________
□4. 检查制动衬片
（1）使用__________测量制动衬片厚度
<table>
<tr><th>车轮</th><th colspan="2">前端制动衬片</th><th colspan="2">后端制动衬片</th></tr>
<tr><td>左后轮</td><td>mm</td><td>mm</td><td>mm</td><td>mm</td></tr>
<tr><td>右后轮</td><td>mm</td><td>mm</td><td>mm</td><td>mm</td></tr>
</table>
（2）检查制动衬片是否损坏
<table>
<tr><th>项目</th><th>左后轮</th><th>右后轮</th></tr>
<tr><td>裂纹</td><td></td><td></td></tr>
<tr><td>脱皮</td><td></td><td></td></tr>
<tr><td>损坏</td><td></td><td></td></tr>
</table>
</td></tr>
</table>

续表

<table>
<tr><th>序号</th><th>操作步骤</th><th>移动方位</th><th>情况记录</th></tr>
<tr><td>6</td><td>鼓式制动器的检查与维护（选做）</td><td>左后轮
↓
右后轮</td><td>
◆ 是否需要更换制动蹄片：__________
□ 5. 检查制动液渗漏
检查车轮__________中是否有液体渗漏
<table>
<tr><th>项目</th><th>左后轮</th><th>右后轮</th></tr>
<tr><td>检查记录</td><td></td><td></td></tr>
</table>
□ 6. 检查制动鼓
（1）使用__________测量制动鼓内径
<table>
<tr><th>车轮</th><th>顶部</th><th>中部</th><th>根部</th></tr>
<tr><td>左后轮</td><td>mm</td><td>mm</td><td>mm</td></tr>
<tr><td>右后轮</td><td>mm</td><td>mm</td><td>mm</td></tr>
</table>
（2）检查制动鼓是否损坏
<table>
<tr><th>项目</th><th>左后轮</th><th>右后轮</th></tr>
<tr><td>磨损</td><td></td><td></td></tr>
<tr><td>其他损坏</td><td></td><td></td></tr>
</table>
□ 7. 调整驻车制动蹄片间隙
（1）拧下轮毂螺母
（2）拆卸孔塞
（3）转动________，并扩展制动蹄片直到制动盘________
（4）回转调节器 8 个槽口的目的是__________
____
（5）检查制动蹄片是否拖滞在制动器上，若发现拖滞应__________
____
____
（6）装上孔塞
</td></tr>
</table>

续表

任务总结
（对任务完成情况、技术要点、操作注意事项、存在问题等进行总结）

四、任务评价

车辆顶起位置 4 的维护

班级：　　　　　　　　姓名：　　　　　　　　工位：

项目	评价内容	评价要点	配分	评价
任务准备	场地准备	工位干净、整洁，地面无油污	2	
		车辆在举升机上正确停放，工作台、工具车等放置于合适位置	2	
	器材准备	工量具等配备齐全、无损坏	2	
		举升机或其他专用设备、仪器等选择正确，操作规范	2	
		辅助材料等配备齐全	2	
	安全防护	工作服等安全防护用品穿戴整齐	2	
		实训车辆等安全防护措施到位	2	
任务实施	操作要点和技术规范	能熟练规范进行车轮轴承的检查	15	
		能熟练规范进行轮胎的检查	25	
		能熟练规范进行盘式制动器的检查与维护	30	
		能熟练规范进行鼓式制动器的检查与维护（选做）	30	

续表

项目	评价内容	评价要点	配分	评价
职业素养	资料查询和报告撰写	能查阅维修手册并严格执行技术规范，有良好的责任心和职业道德	4	
		能根据任务要求，积极参与课堂汇报，并撰写总结报告	4	
	“8S”管理	能遵循“8S”管理规定	8	
总评分				

教师签字： 考核日期：

任务5 车辆顶起位置 5、6 的维护

一、任务目标

1. 了解制动液特性及更换工具的结构与原理。
2. 了解制动拖滞对车辆的不利影响。
3. 了解制动液的更换周期，掌握其更换方法。
4. 能够独立规范进行制动拖滞检查，并熟练掌握检查方法。
5. 能够独立规范使用专用工具进行制动液的更换。
6. 能够独立规范进行车轮的临时安装。

二、任务准备

1. 车辆登记与检查

根据任务要求，将实训车辆停放在规定位置，安全停稳后检查车辆状况并将检查结果记录在下表中。

车型		VIN 码	
行驶里程		发动机型号	
外观检查			
内部检查			

2. 器材准备

清点以下仪器、设备、工量具、辅助材料是否齐全。

（1）仪器、设备和工量具。

序号	仪器、设备和工量具名称	检查结果
1	剪式举升机	
2	常用工具和量具	
3	制动液更换工具	
4	工作台	
5	工作灯	

（2）辅助材料。

序号	辅助材料名称	检查结果
1	制动液	
2	清洁用抹布	
3	维修手册	

3. 防护措施

（1）作业人员应穿戴个人防护用品，包括手套、工作服、工作帽、护目镜等，操作时不可佩戴手表等金属饰品，留长发者应将长发束在工作帽中。

（2）确保正确使用设备和工量具进行维护作业，操作过程中应严格遵守操作规程和相关安全标准。

（3）实训车辆应做好防护，进入车内必须铺设转向盘套、座椅套、脚垫；发动机舱作业必须铺设翼子板布、前格栅布。

（4）举升车辆时应严格按照举升机使用方法进行操作，并通知其他人员远离举升设备。

（5）遵循“8S”管理规定。

三、任务实施

车辆顶起位置 5、6 的维护

班级：　　　　　　　　　姓名：　　　　　　　　　工位：

<table>
<tr><th>序号</th><th>操作步骤</th><th>移动方位</th><th>情况记录</th></tr>
<tr><td>1</td><td>举升车辆</td><td>—</td><td>举升机________</td></tr>
<tr><td>2</td><td>制动拖滞检查</td><td>驾驶员座椅
↓
左前轮
↓
左后轮
↓
右后轮
↓
右前轮</td><td>□ 1. 操作驻车制动手柄并踩下制动踏板数次，目的是：________
□ 2. 释放驻车制动手柄或制动踏板，直到后制动器自动调节器的________消失
□ 3. 转动制动盘（或制动鼓），检查是否有拖滞现象
<table><tr><td rowspan="2">项目</td><td colspan="2">制动盘</td><td colspan="2">制动鼓</td></tr><tr><td>左前</td><td>右前</td><td>左后</td><td>右后</td></tr><tr><td>检查结果</td><td></td><td></td><td></td><td></td></tr></table></td></tr>
</table>

续表

序号	操作步骤	移动方位	情况记录
2	制动拖滞检查	驾驶员座椅 ↓ 左前轮 ↓ 左后轮 ↓ 右后轮 ↓ 右前轮	◆ 思考 1. 该制动拖滞检查，与调整驻车制动蹄片间隙的制动拖滞检查不同在于：________________ ________________ ________________ ________________ 2. 如果出现制动拖滞现象，应采取的操作措施是： ________________ ________________
3	制动液更换工具的安装（选做）	发动机舱	□ 1. 使用________将制动总泵储液罐中的制动液吸出 □ 2. 将________安装在制动总泵储液罐上，并牢牢固定
4	举升车辆	—	举升机________
5	制动液的更换（选做）	车辆底部 右后 ↓ 左后 ↓ 右前 ↓ 左前	1. 记录更换步骤 （1）________________ （2）________________ （3）________________ ◆ 制动器排气螺栓的拧紧力矩________N · m 2. 清洁________________
6	车轮的临时安装	左前轮 ↓ 左后轮 ↓ 右后轮 ↓ 右前轮	□ 1. 双手抱举轮胎 □ 2. 将轮胎对准轮胎螺栓孔，安装到位 □ 3. 用________将轮胎螺母预旋紧 □ 4. 用________将螺母紧固 ◆ 思考 抱举轮胎的正确方法是：________________ ________________ ________________

续表

任务总结
（对任务完成情况、技术要点、操作注意事项、存在问题等进行总结）

四、任务评价

车辆顶起位置 5、6 的维护

班级： 姓名： 工位：

<table>
<tr><th>项目</th><th>评价内容</th><th>评价要点</th><th>配分</th><th>评价</th></tr>
<tr><td rowspan="7">任务准备</td><td rowspan="2">场地准备</td><td>工位干净、整洁，地面无油污</td><td>2</td><td></td></tr>
<tr><td>车辆在举升机上正确停放，工作台、工具车等放置于合适位置</td><td>2</td><td></td></tr>
<tr><td rowspan="3">器材准备</td><td>工量具等配备齐全、无损坏</td><td>2</td><td></td></tr>
<tr><td>举升机或其他专用设备、仪器等选择正确，操作规范</td><td>2</td><td></td></tr>
<tr><td>辅助材料等配备齐全</td><td>2</td><td></td></tr>
<tr><td rowspan="2">安全防护</td><td>工作服等安全防护用品穿戴整齐</td><td>2</td><td></td></tr>
<tr><td>实训车辆等安全防护措施到位</td><td>2</td><td></td></tr>
<tr><td rowspan="6">任务实施</td><td rowspan="6">操作要点和技术规范</td><td>能熟练规范进行制动拖滞检查</td><td>20</td><td></td></tr>
<tr><td>能熟练规范进行制动液更换工具的安装（选做）</td><td>20</td><td></td></tr>
<tr><td>能熟练规范进行制动液的更换（选做）</td><td>30</td><td></td></tr>
<tr><td>制动液更换完成后，清洁、检查</td><td>15</td><td></td></tr>
<tr><td>能熟练规范进行车轮的临时安装</td><td>25</td><td></td></tr>
<tr><td>能按正确点位移动并进行相关操作</td><td>10</td><td></td></tr>
</table>

续表

项目	评价内容	评价要点	配分	评价
职业素养	资料查询和报告撰写	能查阅维修手册并严格执行技术规范，有良好的责任心和职业道德	4	
		能根据任务要求，积极参与课堂汇报，并撰写总结报告	4	
	“8S”管理	能遵循“8S”管理规定	8	
总评分				

教师签字：　　　　　　　　　　　　　　考核日期：

任务⑥ 车辆顶起位置7的维护

一、任务目标

1. 熟悉车辆顶起位置7的维护、检查、调整内容与步骤。

2. 掌握各维护、检查、调整内容的操作规范、标准以及方法。

3. 能够独立规范进行发动机润滑油的加注。

4. 能够独立规范进行发动机冷却液、空气滤清器滤芯的检查与更换。

5. 能够独立规范进行传动带的检查与调整。

6. 能够独立规范进行火花塞、蓄电池的检查与更换。

7. 能够独立规范进行制动液和制动管路、活性炭罐、冷却液、发动机暖机过程以及空调的检查。

8. 能够通过合作进行气门间隙的检查。

二、任务准备

1. 车辆登记与检查

根据任务要求，将实训车辆停放在规定位置，安全停稳后检查车辆状况并将检查结果记录在下表中。

车型		VIN码	
行驶里程		发动机型号	
外观检查			
内部检查			

2. 器材准备

清点以下仪器、设备、工量具、辅助材料是否齐全。

（1）仪器、设备和工量具。

序号	仪器、设备和工量具名称	检查结果
1	剪式举升机	
2	废气抽排装置	

续表

序号	仪器、设备和工量具名称	检查结果
3	蓄电池检测仪	
4	传动带张紧力计	
5	空调制冷剂检漏仪	
6	常用工具和量具	
7	预置式扭力扳手	
8	车轮挡块	
9	塞尺	
10	工作台	
11	工作灯	

（2）辅助材料。

序号	辅助材料名称	检查结果
1	发动机润滑油	
2	清洁用抹布	
3	维修手册	

3．防护措施

（1）作业人员应穿戴个人防护用品，包括手套、工作服、工作帽、护目镜等，操作时不可佩戴手表等金属饰品，留长发者应将长发束在工作帽中。

（2）确保正确使用设备和工量具进行维护作业，操作过程中应严格遵守操作规程和相关安全标准。

（3）实训车辆应做好防护，进入车内必须铺设转向盘套、座椅套、脚垫；发动机舱作业必须铺设翼子板布、前格栅布。

（4）举升车辆时应严格按照举升机使用方法进行操作，并通知其他人员远离举升设备。

（5）遵循“8S”管理规定。

三、任务实施

车辆顶起位置 7 的维护

班级：　　　　　　　　姓名：　　　　　　　　工位：

<table>
<tr><th>序号</th><th colspan="3">操作步骤</th><th>移动方位</th><th>情况记录</th></tr>
<tr><td>1</td><td colspan="3">举升车辆</td><td>—</td><td>举升机________</td></tr>
<tr><td rowspan="4">2</td><td rowspan="4">发动机起动前的操作与检查</td><td colspan="2">加注发动机润滑油</td><td>驾驶员座椅
↓
发动机舱</td><td>□ 1．拉紧驻车制动器手柄
□ 2．放置________
□ 3．通过注油孔向发动机注入______L 润滑油</td></tr>
<tr><td colspan="2">散热器盖和冷却液的检查</td><td>发动机舱</td><td>□ 1．缓慢打开散热器盖，注意采取________，小心________，防止________
□ 2．检查散热器盖橡胶密封垫
◆ 如密封垫出现________则更换
□ 3．检查冷却液液位
□ 正常　□ 偏低</td></tr>
<tr><td>冷却液的更换（选做）</td><td>排放发动机冷却液</td><td>发动机舱</td><td>□ 1．松开散热器盖 45°，目的是：________
□ 2．取下散热器盖
◆ 如果散热器盖密封性变差，会导致________
□ 3．松开散热器冷却液排放塞和发动机润滑油排放塞
□ 4．________，从储液罐中排放冷却液</td></tr>
<tr><td>冷却液的更换（选做）</td><td>加注发动机冷却液</td><td>发动机舱</td><td>□ 1．重新拧紧散热器和发动机的排放塞
□ 2．接上________
□ 3．提前准备好长效冷却液
□ 4．把冷却液缓慢倒入散热器加注孔</td></tr>
</table>

续表

<table>
<tr><th>序号</th><th colspan="2">操作步骤</th><th>移动方位</th><th>情况记录</th></tr>
<tr><td rowspan="3">2</td><td rowspan="3">发动机起动前的操作与检查</td><td>冷却液的更换（选做）</td><td>加注发动机冷却液</td><td>发动机舱</td><td>□ 5．用________方法加注散热器储液罐，直至冷却液液面达到储液罐的________________
□ 6．____________________
□ 7．起动发动机的目的是：______________________
□ 8．发动机暖机至______________________</td></tr>
<tr><td colspan="2">传动带的检查</td><td>发动机舱</td><td>□ 1．检查传动带磨损
◆ 如果传动带出现______________________则更换
□ 2．检查传动带安装
□ 安装正确　□ 安装不正确
□ 3．检查传动带张紧度
◆ 在规定区域施加一个 98 N 的力，挠度应不超过________mm
◆ 传动带张紧度调整的方法（以无惰轮型为例）：
（1）______________________________
（2）______________________________</td></tr>
<tr><td colspan="2">蓄电池的检查</td><td>发动机舱</td><td>□ 1．将蓄电池检测仪的红色夹子接至蓄电池的______端，黑色夹子接至蓄电池的______端
□ 2．当前蓄电池电压值为____________V
□ 3．选择电池类型
□ 4．选择电池标准
□ 5．测试结果
□ 电池良好　□ 良好－须充电　□ 充电后再测试　□ 更换电池</td></tr>
</table>

续表

<table>
<tr><th>序号</th><th colspan="2">操作步骤</th><th>移动方位</th><th>情况记录</th></tr>
<tr><td rowspan="2">2</td><td rowspan="2">发动机起动前的操作与检查</td><td>火花塞的检查</td><td>发动机舱</td><td>□1. 拆卸火花塞
（1）拆卸点火线圈
（2）________
□2. 检查火花塞
（1）电极磨损：□ 正常 □ 异常：________
（2）火花塞间隙：□ 正常 □ 异常：________
（3）绝缘体咬住：□ 是 □ 否
（4）损坏情况：□ 正常 □ 异常：________
□3. 维护火花塞
□ 清洁：清洁之前先用________将润滑油留下的痕迹去除，再使用________进行清洁
□ 调整间隙：使用________进行调节
□ 更换所有火花塞
<table><tr><th>火花塞类型</th><th>更换里程</th></tr><tr><td>普通型</td><td>每________km</td></tr><tr><td>铂电极型</td><td>每________km</td></tr><tr><td>铱电极型</td><td>每________km</td></tr></table></td></tr>
<tr><td>制动液和制动管路的检查</td><td>发动机舱</td><td>□1. 检查制动液
（1）制动总泵内液位：□ 在范围内 □ 不在范围内
（2）制动总泵是否渗漏：□ 渗漏 □ 不渗漏
□2. 检查制动管路
（1）□ 不渗漏 □ 渗漏：________</td></tr>
</table>

续表

<table>
<tr><th>序号</th><th colspan="2">操作步骤</th><th>移动方位</th><th>情况记录</th></tr>
<tr><td rowspan="2">2</td><td rowspan="2">发动机起动前的操作与检查</td><td>制动液和制动管路的检查</td><td>发动机舱</td><td>（2）□ 裂纹 □ 老化 □ 其他损坏：____________
（3）□ 安装正确 □ 安装异常：____________</td></tr>
<tr><td>其他检查</td><td>发动机舱</td><td>□ 1. 检查并更换____________
□ 2. 检查活性炭罐
□ 3. 检查前减振器上支撑，标准力矩为________N · m
□ 4. 检查____________液位</td></tr>
<tr><td rowspan="3">3</td><td rowspan="3">发动机起动后暖机过程中的操作与检查</td><td>轮毂螺母的重新紧固</td><td>左前轮
↓
左后轮
↓
右后轮
↓
右前轮</td><td>□ 1. 按______顺序拧紧轮毂螺母
□ 2. 用扭力扳手将螺母拧紧至规定力矩
◆ 轮毂螺母的规定力矩为____________N · m</td></tr>
<tr><td>PCV系统的检查</td><td>发动机舱</td><td>□ 1. 检查噪声
检查方法：____________
检查结果：□ 正常 □ 异常
□ 2. 检查软管
◆ 如软管____________则更换</td></tr>
<tr><td>发动机冷却液的检查</td><td>发动机舱</td><td>□ 1. 检查渗漏
检查部位：□散热器 □散热器盖 □软管 □卡箍
□ 2. 检查软管损坏
检查重点：□ 裂纹 □ 隆起 □ 硬化
□ 3. 检查软管连接和卡箍安装
检查结果：□ 正常 □ 松动</td></tr>
</table>

续表

<table>
<tr><th>序号</th><th colspan="2">操作步骤</th><th>移动方位</th><th>情况记录</th></tr>
<tr><td rowspan="3">4</td><td rowspan="3">发动机起动暖机后（和运行）的操作与检查</td><td>自动变速器油的检查</td><td>发动机舱</td><td>□ 1. 将换挡杆从____挡转换到____挡，再从____挡拉回到____挡，每挡至少停留____s
□ 2. 检查液位
检查结果：□ 在范围内　□ 不在范围内
◆ 液位检查条件：液温____℃
□ 3. 检查渗漏
检查结果：□ 渗漏　□ 无渗漏</td></tr>
<tr><td>空调的检查</td><td>发动机舱</td><td>□ 1. 将所有车门完全打开
□ 2. 发动机转速达到____rpm
□ 3. 鼓风机速度设置为____
□ 4. 温度控制开关设为____
□ 5. A/C 开关设为“ON”
□ 6. 通过观察窗观察制冷剂流量
观察结果：□ 正常　□ 异常
□ 7. 关闭发动机
□ 8. 用____检查制冷剂是否渗漏
检查结果：□ 渗漏　□ 无渗漏
◆ 如果空调系统中制冷剂量过少，会导致____
____
____</td></tr>
<tr><td>动力转向液的检查</td><td>发动机舱</td><td>□ 1. 发动机怠速
□ 2. 保持汽车原地不动，____转动转向盘
□ 3. 待动力转向液温度上升到____℃
□ 4. 将转向盘____
□ 5. 关闭发动机
□ 6. 检查动力转向液液位
检查结果：□ 在范围内　□ 不在范围内</td></tr>
</table>

续表

序号	操作步骤		移动方位	情况记录
4	发动机起动暖机后（和运行）的操作与检查	动力转向液的检查	发动机舱	□ 7. 检查动力转向液是否起泡或乳化 检查结果：□ 正常 □ 异常 ◆ 发动机运行和停止时，动力转向液的液位差应不超过____mm □ 8. 检查与储液罐相连的软管是否渗漏 检查结果：□ 渗漏 □ 无渗漏
5	发动机停止后的操作与检查	发动机润滑油的检查	发动机舱	□ 1. 起动发动机 □ 2. 预热后熄火 □ 3. 等候至少____min ◆ 等候的目的是：____________ □ 4. 拔出油尺 □ 5. ________ □ 6. 用油尺检查润滑油油位 检查结果：□ 在范围内 □ 不在范围内
		发动机冷却液的检查	发动机舱	□ 检查冷却液液位（目测储液罐） 检查结果：□ 在范围内 □ 不在范围内
		气门间隙的检查	发动机舱	◆ 在停止冷却的发动机上，使用______进行检查 □ 1. ________ □ 2. 松开固定螺母 □ 3. 拆卸气门室盖 □ 4. 将一号气缸活塞置于________

续表

<table>
<tr><th>序号</th><th colspan="2">操作步骤</th><th>移动方位</th><th>情况记录</th></tr>
<tr><td>5</td><td>发动机停止后的操作与检查</td><td>气门间隙的检查</td><td>发动机舱</td><td>（1）曲轴带盘对准____________
（2）凸轮轴带盘圆孔对准____________
□ 5. 使用__________检查已经完全关闭的气门间隙
□ 6. 转动曲轴__________，然后测量其他气门的间隙
◆ 进气门间隙标准：__________mm
◆ 排气门间隙标准：__________mm
测量结果：
<table>
<tr><th>气缸</th><th>进气门</th><th>是否调整</th><th>排气门</th><th>是否调整</th></tr>
<tr><td>1 号缸</td><td></td><td></td><td></td><td></td></tr>
<tr><td>2 号缸</td><td></td><td></td><td></td><td></td></tr>
<tr><td>3 号缸</td><td></td><td></td><td></td><td></td></tr>
<tr><td>4 号缸</td><td></td><td></td><td></td><td></td></tr>
</table>
□ 7. 重新安装气门室盖
◆ 如果发动机平稳转动且没有异常噪声，该项检查可以省略</td></tr>
<tr><td colspan="5">任务总结</td></tr>
<tr><td colspan="5">（对任务完成情况、技术要点、操作注意事项、存在问题等进行总结）</td></tr>
</table>

四、任务评价

车辆顶起位置 7 的维护

班级： 姓名： 工位：

项目	评价内容	评价要点	配分	评价
任务准备	场地准备	工位干净、整洁，地面无油污	2	
		车辆在举升机上正确停放，工作台、工具车等放置于合适位置	2	
	器材准备	工量具等配备齐全、无损坏	2	
		举升机或其他专用设备、仪器等选择正确，操作规范	2	
		辅助材料等配备齐全	2	
	安全防护	工作服等安全防护用品穿戴整齐	2	
		实训车辆等安全防护措施到位	2	
任务实施	操作要点和技术规范	能熟练规范进行发动机润滑油的加注	4	
		能在发动机熄火后，熟练规范进行发动机润滑油的检查	4	
		能在发动机起动前、暖机中和停止后，熟练规范进行发动机冷却液的检查	6	
		能熟练规范进行散热器的检查	4	
		能熟练规范进行发动机冷却液的更换（选做）	8	
		能熟练规范进行传动带的检查与调整	4	
		能熟练规范进行蓄电池的检查与更换	4	
		能熟练规范进行火花塞的检查与更换	4	
		能熟练规范进行制动液和制动管路的检查	4	
		能熟练规范进行空气滤清器的检查，并更换滤芯	4	
		能熟练规范进行碳罐、前减振器支撑和玻璃清洗液的检查	6	

续表

项目	评价内容	评价要点	配分	评价
任务实施	操作要点和技术规范	能熟练规范进行轮毂螺母的重新紧固	4	
		能熟练规范进行 PCV 系统的检查	4	
		能熟练规范进行自动变速器油的检查	4	
		能熟练规范进行空调的检查	4	
		能熟练规范进行动力转向液的检查	4	
		能熟练规范进行气门间隙的检查与调整	6	
职业素养	资料查询和报告撰写	能查阅维修手册并严格执行技术规范，有良好的责任心和职业道德	4	
		能根据任务要求，积极参与课堂汇报，并撰写总结报告	4	
	“8S”管理	能遵循“8S”管理规定	8	
总评分				

教师签字：　　　　　　　　　　考核日期：

任务7 车辆顶起位置8、9的维护

一、任务目标

1. 了解最终检查的项目。
2. 掌握最终检查（润滑油、制动液和更换件）的内容要点。
3. 熟悉车辆检查完成后的清洁、整理工作内容。
4. 掌握收音机、时钟和座椅位置的调整方法。
5. 能够独立规范进行车辆维护后的最终检查。
6. 能够独立规范进行车辆检查后的清洁、整理工作。
7. 能够独立规范进行收音机、时钟和座椅位置的调整。

二、任务准备

1. 车辆登记与检查

根据任务要求，将实训车辆停放在规定位置，安全停稳后检查车辆状况并将检查结果记录在下表中。

车型		VIN码	
行驶里程		发动机型号	
外观检查			
内部检查			

2. 器材准备

清点以下仪器、设备、工量具、辅助材料是否齐全。

（1）仪器、设备和工量具。

序号	仪器、设备和工量具名称	检查结果
1	剪式举升机	
2	常用工具和量具	
3	工作台	
4	工作灯	

（2）辅助材料。

序号	辅助材料名称	检查结果
1	清洁用抹布	
2	拖把	
3	维修手册	

3．防护措施

（1）作业人员应穿戴个人防护用品，包括手套、工作服、工作帽、护目镜等，操作时不可佩戴手表等金属饰品，留长发者应将长发束在工作帽中。

（2）确保正确使用设备和工量具进行维护作业，操作过程中应严格遵守操作规程和相关安全标准。

（3）实训车辆应做好防护，进入车内必须铺设转向盘套、座椅套、脚垫；发动机舱作业必须铺设翼子板布、前格栅布。

（4）举升车辆时应严格按照举升机使用方法进行操作，并通知其他人员远离举升设备。

（5）遵循“8S”管理规定。

三、任务实施

车辆顶起位置 8、9 的维护

班级： 姓名： 工位：

序号	操作步骤	移动方位	情况记录
1	举升车辆	—	举升机＿＿＿＿＿＿
2	最终检查	车辆底部 右前 ↓ 右后 ↓ 左后 ↓ 左前	□ 1．检查润滑油有无渗漏 检查结果：＿＿＿＿＿＿ □ 2．检查制动管路和制动液等有无渗漏 检查结果：＿＿＿＿＿＿ □ 3．检查更换零件等的安装状况 检查结果：＿＿＿＿＿＿
3	举升车辆	—	举升机＿＿＿＿＿＿

续表

序号	操作步骤	移动方位	情况记录
4	拆卸翼子板布和前格栅布	车辆前部	□ 1. 回收翼子板布和前格栅布 □ 2. 关闭发动机舱盖
5	调整工作	驾驶员座椅	□ 1. 调整收音机 □ 2. 调整时钟到准确时间 □ 3. 调整________
6	清洁工作	车外（一周） ↓ 车内 ↓ 驾驶员座椅	□ 1. 清洁车身 □ 2. 清洁________ □ 3. 拆卸座椅套、脚垫和转向盘套
7	现场整理	—	□ 1. 仪器、设备、工量具、耗材等清洁、整理 □ 2. 地面清洁 □ 3. 举升机控制柜清洁 □ 4. 所有物品归位 □ 5. 废弃物必须________丢弃

任务总结
（对任务完成情况、技术要点、操作注意事项、存在问题等进行总结）

四、任务评价

车辆顶起位置 8、9 的维护

班级：　　　　　　　　姓名：　　　　　　　　工位：

项目	评价内容	评价要点	配分	评价
任务准备	场地准备	工位干净、整洁，地面无油污	2	
		车辆在举升机上正确停放，工作台、工具车等放置于合适位置	2	
	器材准备	工量具等配备齐全、无损坏	2	
		举升机或其他专用设备、仪器等选择正确，操作规范	2	
		辅助材料等配备齐全	2	
	安全防护	工作服等安全防护用品穿戴整齐	2	
		实训车辆等安全防护措施到位	2	
任务实施	操作要点和技术规范	能熟练规范确认润滑油无渗漏	5	
		能熟练规范确认制动管路和制动液等无渗漏	5	
		能熟练规范确认更换零件安装到位，无异常	5	
		能正确回收翼子板布和前格栅布	5	
		能正确关闭发动机舱盖	5	
		能正确调整收音机、时钟、座椅位置等	5	
		能将汽车车身和汽车内部清洁干净，无遗漏	5	
		能正确拆卸座椅套、脚垫和转向盘套	5	
		能将仪器、设备、工量具、耗材等正确整理和归位	20	
		能将废弃物正确分类和处理	10	

续表

项目	评价内容	评价要点	配分	评价
职业素养	总结及报告撰写	操作过程中体现良好的责任心和职业道德	4	
		能根据任务要求，积极参与课堂汇报，并撰写总结报告	4	
	“8S”管理	能遵循“8S”管理规定	8	
总评分				

教师签字：　　　　　　　　　　考核日期：

任务8 车辆道路测试

一、任务目标

1．了解车辆维护竣工后道路测试的重要性、测试内容以及标准。

2．掌握汽车制动系统、驻车制动系统、离合器系统（手动挡车型）或自动变速器系统（自动挡车型）、转向系统的道路检测方法。

3．掌握道路测试时振动和异常噪声的检查内容。

二、任务准备

1．车辆登记与检查

车型		VIN 码	
行驶里程		发动机型号	
外观检查			
内部检查			

2．辅助材料

序号	辅助材料名称	检查结果
1	清洁用抹布	
2	维修手册	
3	用户手册	

三、任务实施

车辆道路测试知识认知

班级： 姓名： 工位：

序号	主要内容	情况记录
1	车辆道路测试的定义	1．汽车维修企业一般会在汽车二级维护前后，分别执行车辆道路测试，这样做的目的是：________________________________

续表

序号	主要内容	情况记录
1	车辆道路测试的定义	2．在汽车维修企业，要胜任车辆道路测试岗位需具备的条件是：______ ______ ______ ______
2	车辆道路测试的主要内容	1．制动系统的道路检测 （1）松开驻车制动器时，车辆是否有______现象 （2）检查制动器功能，如制动踏板活动是否有______ （3）检查制动器是否有______ （4）检查制动踏板是否有足够的______ （5）检查是否有______的异常现象 2．驻车制动系统的道路检测 仅使用驻车制动器时，车辆______ 3．离合器系统的道路检测 （1）换到______挡，检查车辆______时离合器是否接合平稳以及在加速时______ （2）检查踩下踏板时是否有______ 4．转向系统的道路检测 （1）检查车轮笔直向前时，转向盘是否______ （2）______ （3）检查转向盘转向时是否有异常噪声 （4）检查转向盘操作是否方便并能______ （5）检查转向盘转向时是否发飘、______、______等 5．自动变速器系统的道路检测 （1）检查车辆在______挡行驶时，自动变速器能否自动换到______ （2）检查车辆在______、______、正常行驶时，是否有振动、冲击或打滑现象

续表

序号	主要内容	情况记录
2	车辆道路测试的主要内容	6．振动和异常噪声的检查 检查车辆发动机、________、________、________、制动系统和车身工作时有无振动和不正常噪声
3	新问题的处理	车辆静态检查中没有暴露故障问题，但在道路测试中出现了，这种情况下应该:____ ____ ____ ____
4	交车	向客户移交车辆前，从技术角度还应做的工作有:________ ____ ____ ____

任务总结
（对任务完成情况、存在问题等进行总结）

四、任务评价

车辆道路测试知识认知

班级： 姓名： 工位：

项目	评价内容	评价要点	配分	评价
任务准备	材料准备	辅助材料等配备齐全	5	
任务实施	车辆道路测试认知	能描述汽车车辆道路测试的重要性，并能讲述其作用和对维护的帮助	10	
		能描述车辆制动系统的道路测试内容和要求	15	
		能描述车辆离合器系统的道路测试内容和要求	15	
		能描述车辆转向系统的道路测试内容和要求	15	
		能描述车辆自动变速器系统的道路测试内容和要求	15	
		能描述车辆道路测试中发现新问题的处理方法和要求	15	
职业素养	安全及合作	能查阅维修手册并严格执行技术规范，有良好的责任心和职业道德	10	
总评分				

教师签字： 考核日期：

模块三　新车交接检查

一、任务目标

1. 了解新车交接检查作业的必要性、内容以及技术规范。

2. 能够规范进行新车交接检查作业。

二、任务准备

1. 车辆登记与检查

车型		VIN 码	
行驶里程		发动机型号	
外观检查			
内部检查			

2. 器材准备

清点以下仪器、设备、工量具、辅助材料是否齐全。

（1）仪器、设备和工量具。

序号	仪器、设备和工量具名称	检查结果
1	充电机	
2	轮胎气压表	
3	工具车（含常用工具 1 套）	
4	预置式扭力扳手	
5	工作台	
6	工作灯	

（2）辅助材料。

序号	辅助材料名称	检查结果
1	清洁用抹布	
2	维修手册	

3．防护措施

（1）作业人员应穿戴个人防护用品，包括手套、工作服、工作帽、护目镜等，操作时不可佩戴手表等金属饰品，留长发者应将长发束在工作帽中。

（2）确保正确使用设备和工量具进行维护作业，操作过程中应严格遵守操作规程和相关安全标准。

（3）实训车辆应做好防护，进入车内必须铺设转向盘套、座椅套、脚垫；发动机舱作业必须铺设翼子板布、前格栅布。

（4）举升车辆时应严格按照举升机使用方法进行操作，并通知其他人员远离举升设备。

（5）遵循“8S”管理规定。

三、任务实施

新车交接检查

班级： 姓名： 工位：

序号	检查步骤	情况记录
1	车辆外观检查	□1．安装车内防护三件套 □2．清洗车辆及初检 □3．检查________与________状况 □4．检查__________是否破损 □5．检查__________是否完好 □6．检查灯具外观是否完好
2	车辆乘员舱检查	□1．检查车辆遥控钥匙功能____________ □2．检查转向盘、________、顶棚（天窗）、__________、化妆镜、__________ □3．检查__________及手套箱 □4．检查驻车制动手柄（开关）、__________、________、烟灰缸、天窗总成 □5．检查车辆灯光

续表

序号	检查步骤	情况记录
2	车辆乘员舱检查	□ 6. 检查雨刮器刮水功能、喷水控制功能，检查空调各控制系统功能、音响功能，检查______功能 □ 7. 检查车门玻璃______功能，检查外后视镜调整功能，检查座椅外观及其______ □ 8. 检查安全带状况，检查______、车内各门柱内饰板及门槛内饰，检查______性能 □ 9. 检查______功能、车门内外把手开启功能、发动机舱盖 / 燃油箱盖开启功能
3	发动机舱、行李舱检查	□ 1. 检查发动机润滑油和变速器油油量 □ 2. 检查其他工作油液液面 □ 3. 检查______、______、蓄电池熔断器、进气管路 / 真空管管夹和______状况 □ 4. 检查主要传感器 / 执行器的______状况、燃油管路状况、各冷却水管______和______状况、空调与暖风系统管道的连接和固定状况 □ 5. 检查行李舱______和______功能，检查行李舱照明灯功能，检查备胎外观及胎压 / 工具，检查行李舱的行李垫饰板外观
4	底盘检查	□ 1. 检查汽车底盘______及各部件安装状态，查看______ □ 2. 检查轮胎______、______及固定螺栓扭力

任务总结

（对任务完成情况、技术要点、操作注意事项、存在问题等进行总结）

四、任务评价

新车交接检查

班级：　　　　　　　　姓名：　　　　工位：

<table>
<tr><th>项目</th><th>评价内容</th><th>评价要点</th><th>配分</th><th>评价</th></tr>
<tr><td rowspan="7">任务准备</td><td rowspan="2">场地准备</td><td>工位干净、整洁，地面无油污</td><td>2</td><td></td></tr>
<tr><td>车辆在举升机上正确停放，工作台、工具车等放置于合适位置</td><td>2</td><td></td></tr>
<tr><td rowspan="3">器材准备</td><td>工量具等配备齐全、无损坏</td><td>2</td><td></td></tr>
<tr><td>举升机或其他专用设备、仪器等选择正确，操作规范</td><td>2</td><td></td></tr>
<tr><td>辅助材料等配备齐全</td><td>2</td><td></td></tr>
<tr><td rowspan="2">安全防护</td><td>工作服等安全防护用品穿戴整齐</td><td>2</td><td></td></tr>
<tr><td>实训车辆等安全防护措施到位</td><td>2</td><td></td></tr>
<tr><td rowspan="4">任务实施</td><td rowspan="4">操作要点和技术规范</td><td>能熟练规范进行车辆外观检查，无遗漏</td><td>10</td><td></td></tr>
<tr><td>能熟练规范进行车辆乘员舱检查，无遗漏</td><td>30</td><td></td></tr>
<tr><td>能熟练规范进行发动机舱、行李舱检查，无遗漏</td><td>20</td><td></td></tr>
<tr><td>能熟练规范进行底盘检查，无遗漏</td><td>10</td><td></td></tr>
<tr><td rowspan="3">职业素养</td><td rowspan="2">总结及报告撰写</td><td>操作过程中体现良好的责任心和职业道德</td><td>4</td><td></td></tr>
<tr><td>能根据任务要求，积极参与课堂汇报，并撰写总结报告</td><td>4</td><td></td></tr>
<tr><td>“8S”管理</td><td>能遵循“8S”管理规定</td><td>8</td><td></td></tr>
<tr><td colspan="3">总评分</td><td colspan="2"></td></tr>
</table>

教师签字：　　　　　　　　　　　考核日期：